高职高专经济管理类"十四五"规划
理论与实践结合型系列教材·校企合作优秀教材

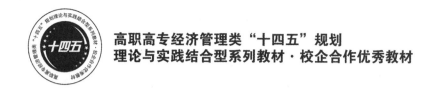

跨境电子商务基础

主　编　姚大伟　邹果庆　孟　彧
副主编　陈　刚　鲍志林

华中科技大学出版社
http://www.hustp.com
中国·武汉

图书在版编目（CIP）数据

跨境电子商务基础/姚大伟，邹果庆，孟彧主编．—武汉：华中科技大学出版社，2022.9（2024.1 重印）

ISBN 978-7-5680-8731-5

Ⅰ．①跨⋯　Ⅱ．①姚⋯ ②邹⋯ ③孟⋯　Ⅲ．①电子商务　Ⅳ．① F713.36

中国版本图书馆 CIP 数据核字（2022）第 163908 号

跨境电子商务基础
Kuajing Dianzi Shangwu Jichu

姚大伟　邹果庆　孟彧　主编

策划编辑：聂亚文	
责任编辑：刘　静	
封面设计：孢　子	
责任监印：朱　玢	
出版发行：华中科技大学出版社（中国·武汉）	电话：（027）81321913
武汉市东湖新技术开发区华工科技园	邮编：430223
录　　排：武汉创易图文工作室	
印　　刷：武汉科源印刷设计有限公司	
开　　本：787 mm×1092 mm　1/16	
印　　张：11.75	
字　　数：263 千字	
版　　次：2024 年 1 月第 1 版第 2 次印刷	
定　　价：42.00 元	

本书若有印装质量问题，请向出版社营销中心调换
全国免费服务热线：400-6679-118　竭诚为您服务
版权所有　侵权必究

序 言

在"十四五"规划引领中国经济高质量发展的今天，基于大数据、人工智能和云计算技术，跨境电子商务已经被列为数字强国下的新业态和新模式，承载着促进国内外双循环经济发展的重要任务。现如今，跨境电子商务已经完成全链路数字化，从生产源头到互联网营销、大数据分析、物流仓储、金融财税等，每一个链路均在互联网上完成，是当之无愧的数字经济。跨境电子商务不仅突破了零售行业国与国之间的壁垒，丰富了国际贸易的交易形式，还驱动了世界经济和贸易的高速发展。跨境电子商务企业作为"微型跨国企业"，将成为促进全球消费、改变贸易格局、重塑产业链的新时代的引领者。

在跨境电子商务行业持续健康发展的道路上，品牌建设和行业合规发展必然是重点关注对象。跨境电子商务行业做大做强离不开品牌建设，而跨境电子商务行业做久做远则依靠行业合规，且合规不仅是中国的合规，也是世界的合规。合规化进程多元开展，其中就包括物流合规、财税合规等，本书详细讲述了部分合规化的最新政策与未来风向。

跨境电子商务行业的高速发展必然伴随着对专业人才的需求增加，但跨境电子商务人才在技术、贸易、品牌、营销、金融、数据和销售方面都存在很大的缺口。因此，行业需要建设校园到企业输送人才管道，制定人才标准与职业发展战略，深化产学研结合的理念，搭建校园与企业的无阶梯跨越通道，全面助阵深层次多维度专业人才成长。此外，专业发展需注重跨境电子商务人才培养，包括实践、融合教育、实训、就业、孵化等多个方面，同时规范和设计高科技互联网全能型人才的培养体系，助力跨境电子商务行业新标准和新模式的建设与发展。

这是一本优秀的跨境电子商务行业读物，从行业发展到国际市场分析，从平台介绍到平台入驻规则详解，深入浅出、由远及近地分析了跨境电子商务行业知识，是一本较为贴近行业的教材。

在此将这本书强烈推荐给想学习跨境电子商务知识的人，只有不断学习、不断创新、不断攀登，我们才能紧跟发展的大势，才能在危机中看到机会，于变局中找准方向，在困难的时候坚定信心，矢志不渝地走通往胜利的希望之路。

深圳市跨境电子商务协会执行会长　王馨

目 录

第1章 跨境电子商务概述 1
    1.1 解析跨境电子商务 3
    1.2 跨境电子商务与国际贸易 6
    1.3 跨境电子商务发展历程与趋势 8
    1.4 跨境电子商务服务生态 11

第2章 跨境电子商务平台 15
    2.1 跨境电子商务平台介绍 17
    2.2 跨境电子商务独立站 26

第3章 海外目标市场 33
    3.1 北美市场 35
    3.2 欧洲市场 37
    3.3 亚太市场 42
    3.4 其他市场 46

第4章 跨境电子商务选品 49
    4.1 认识跨境电子商务选品 51
    4.2 跨境电子商务选品方法 52
    4.3 跨境电子商务采购 61

第5章 跨境电子商务店铺运营 65
    5.1 店铺注册与卖家后台实操 67
    5.2 Listing 优化 76
    5.3 店铺绩效管理 83
    5.4 评论与站内信管理 88

第 6 章　跨境电子商务营销　　93

6.1　促销和活动　　95
6.2　站内广告　　99
6.3　站外引流　　108
6.4　全渠道品牌营销　　119

第 7 章　跨境电子商务物流　　125

7.1　跨境电子商务出口业务模式　　127
7.2　跨境电子商务物流模式　　129
7.3　海外仓　　136
7.4　物流操作　　139
7.5　退货处理　　145

第 8 章　跨境电子商务支付与金融　　151

8.1　支付与结算管理　　153
8.2　税务管理　　158
8.3　金融服务　　160

第 9 章　跨境电子商务服务商选择　　165

9.1　物流服务商　　166
9.2　支付服务商　　170
9.3　检测服务商　　172
9.4　税务服务商　　174
9.5　代运营服务商　　176
9.6　培训服务商　　178

第1章
跨境电子商务概述

- 跨境电子商务概述
  - 解析跨境电子商务
    - 跨境电子商务的特征
    - 跨境电子商务的意义
    - 跨境电子商务的模式
  - 跨境电子商务与国际贸易
    - 跨境电子商务与国际贸易的联系
    - 跨境电子商务与传统国际贸易的区别
  - 跨境电子商务发展历程与趋势
    - 跨境电子商务的发展历程
    - 跨境电子商务的发展趋势
  - 跨境电子商务服务生态
    - 跨境电子商务服务生态发展原因
    - 跨境电子商务服务商行业现状

学习目标

【知识目标】

1. 理解跨境电子商务的基本概念和特征。
2. 理解跨境电子商务的意义和模式。
3. 熟知跨境电子商务与国际贸易的关系和区别。

【技能目标】

1. 能分析跨境电子商务的发展历程与趋势。
2. 能分析跨境电子商务服务生态。

【思政目标】

1. 具备跨境电子商务发展的前瞻性视野。
2. 树立大国自信,建立家国情怀,具备接力跨境电子商务发展的使命感。

引导案例

新蛋集团(Newegg,简称新蛋)是由华人企业家Fred Chang于2001年创立的科技类电子商务平台。新蛋始终致力于为消费者提供专业的客户服务和具有竞争力的产品选择,为全球超过4700万忠实高端消费者提供丰富的消费电子、智能家居、户外运动、家电办公等全品类商品。

2020年,新蛋加大了中国的业务发展步伐,在中国上海设置新蛋中国区总部,积极与政府、协会以及跨境一线产业带联动,为中国品质商品和优质品牌提供全方位的跨境电子商务出海平台支持与服务。新蛋通过在中国组建700人的专业团队,职能覆盖招商、市场、运营、物流、技术开发等服务领域,实现上海、深圳、北京、成都、西安五地联动,为中国卖家提供深度支持和跨境出口一站式数字化服务。

2021年,新蛋集团成功登陆美国纳斯达克,并致力于为中国卖家提供多元的本地化跨境服务,协同国内知名协会与优质合作伙伴,结合新蛋平台经验、资源与合作伙伴特色优势,为卖家提供全方位一站式服务,助力卖家实现数字化转型。2022年,新蛋集团投资入驻深圳盐田综合保税区,在深圳设立招商运营总部。

2023年,新蛋集团积极"拥抱"国际跨境电商新形式,整合平台优质资源,为中国企业提供品牌出海一站式托管服务,并持续在本地政府合作、行业协会联动、校企产学研结合等领域赋能,为中国跨境电商事业贡献力量。

结合案例,思考并回答以下问题:

作为一家海外电子商务平台,新蛋在中国跨境电子商务发展有哪些优势?

1.1 解析跨境电子商务

跨境电子商务,即跨国电子商务交易,是指不同国家或地区的不同交易对象通过电子商务平台进行交易,在平台上完成支付结算,通过国际物流卖家将货物交付给买家,从而实现跨国零售交易的新型国际商务活动。

一、跨境电子商务的特征

随着全球范围本土电子商务的快速发展、移动互联网渗透率的逐步提高、各大跨境电子商务平台的高速发展和对卖家地区的持续拓展,以及国际物流、支付等基础设施的完善,跨境电子商务呈现出以下特征:

1. 全球性

在如今全球化的经济飞速发展下,依附于网络生存的跨境电子商务也具有了全球性的特征。卖家可通过某平台或多平台直接将商品链接至全球的消费者,并且可实时了解商品的销售情况和消费者的购买反馈,可以实现同一时间对多个海外市场进行商品销售。例如,某跨境电子商务企业在亚马逊的美国站、日本站、新加坡站都开设了店铺,那么该企业可同时了解到美国站店铺、日本站店铺以及新加坡站店铺的运营情况,实现多地区店铺的同步管理。

2. 非实体化

非实体化体现为实体商品的基本要素,如产品图片、商品详情以数字化的方式呈现给海外消费者。如图1-1所示,某跨境电子商务平台上某品牌USB转换器的商品页面通过演示视频的形式实现全方位的展示。非实体化还体现为卖家以数字化的方式在线与消费者进行沟通和服务,如站内信、邮件等沟通形式。

3. 即时性

任何产品信息的发布

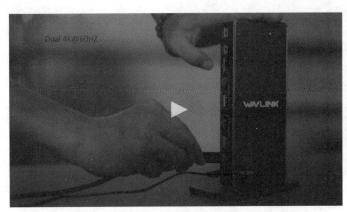

图1-1 某跨境电子商务平台上某品牌USB转换器的商品页面

都可以通过互联网在全球范围内实现同步更新，买家发送信息，卖家能及时收到，双方能够跨越时间和空间的距离，实现即时交流与交易。跨境电子商务即时性带来的是更短的交易链路、更高的服务时效要求。

4. 营销精准性

相较于传统商务模式，跨境电子商务相关订单信息通过纸质版交易文件确认记录。跨境电子商务主要依靠邮件、短信、在线消息等形式进行沟通。新生代跨境电子商务通过各类服务平台将各类信息通过数据库进行统一持久化存储和管理。大数据在跨境电子商务企业中的应用也改变了跨境贸易的商业业态。卖家可以依托平台提供的各类数据针对订单和用户画像进行分析，不断给出适应各地区买家需求的精准营销策略，大大提升了营销的效率。

5. 快速迭代

快速迭代体现在两个方面。一方面，在互联网信息技术持续发展的背景下，商品呈现形式从文字发展到图片、视频，再发展到如今的移动电子商务、直播电子商务。例如新蛋于2021年9月上线了 Newegg Live 卖家直播功能（见图1-2），卖家可通过 Newegg Live 开启直播、介绍产品、通告活动等，与买家直接交流，而买家也能通过观看卖家直播了解产品性能。未来，虚拟现实技术的发展将可能呈现更丰富的商品展现以及消费者互动形式。另一方面，随着国际贸易基础服务数字化、便捷化，跨境电子商务全流程将会持续优化与革新。

图1-2 Newegg Live 直播

二、跨境电子商务的意义

跨境电子商务作为推动经济一体化和贸易全球化的技术基础，具有重要的战略意义。跨境电子商务不仅突破了本地在线零售国与国之间的壁垒，丰富了国际贸易的交易形式，而且驱动了世界经济和贸易新业态的发展。

（1）对品牌和卖家而言，跨境电子商务构建的开放、多维的贸易合作模式，极大拓宽了进入国际市场的路径，极大促进了多边资源的优化配置和企业间的互利共赢。

（2）从消费者的角度来看，跨境电子商务不仅方便消费者在电子商务网站上浏览到其他国家的商品信息，还能购买到物美价廉的商品。

三、跨境电子商务的模式

跨境电子商务的模式可以分别按交易类型及从进出口角度进行划分。

（一）按交易类型划分

1. 企业对企业（B2B）

企业对企业（business to business，简称 B2B）商业模式是指企业通过互联网进行信息交换、传递，开展交易活动的商业模式。这类模式的代表平台主要有阿里巴巴国际站、中国制造网、敦煌网等。

2. 企业对个人（B2C）

企业对个人（business to customer，简称 B2C）商业模式是指企业直接面向消费者销售产品和服务的商业模式。这类模式的平台主要有亚马逊、新蛋、全球速卖通等。

3. 个人对个人（C2C）

个人对个人（customer to customer，简称 C2C）商业模式是指商品的出售方和购买方均为个人的商业模式。其特点是除了全新商品交易以外，还有大量的二手商品交易。亿贝平台就是典型的 C2C 商业模式平台。

（二）从进出口角度划分

1. 进口跨境电子商务

进口跨境电子商务是指中国境内消费者通过跨境电子商务第三方平台从海外购买商品，通过"网购保税进口"（海关监督方式代码 1210）或"直购进口"（海关监督方式代码 9610）入境的消费行为。它是一种利用"互联网＋外贸"向国内引进海外产品的零售形式。常见的进口跨境电子商务平台主要有天猫国际、苏宁海外购、JD.COM 全球采购、网易海购等。

2. 出口跨境电子商务

出口跨境电子商务是指中国卖家通过入驻海外在线零售平台或建立独立站等方式将商品信息发布到平台或独立站上展示给目标消费市场的海外消费者。常见的出口跨境电子商务平台主要有亚马逊、新蛋、亿贝、全球速卖通等。

阅读材料

为支持中国跨境电子商务综合试验区（下称"综试区"）的发展，国家有关部门推出了一系列政策，包括：

政策 1：通关便利化

综试区内符合条件的跨境电子商务零售商品出口，海关通过采用"清单核放、汇总申报"的便利措施进行监管验放，提高企业通关效率，降低企业通关成本。其中"清单核放"指的是跨境电子商务出口企业将商品信息、物流信息、支付信息这"三单信息"推送到单一窗口，海关对"清单"进行审核并办理货物放行手续，通关效率更快，通关成本更低；"汇总申报"指符合条件的跨境电子商务出口商品，电子商务企业不再进行汇总申报，按照"申报清单"汇总统计，经直属海关审核后直接报海关总署对跨境电子商务申报数据进行单项统计。

政策 2：无票免税

无票免税指出口企业只要注册在综试区内，登记相应的销售方名称、纳税人识别号、货物名称、货物数量、货物单价和货物总金额等进货信息，就可以享受免征增值税政策。

政策 3：结售汇更便捷

允许在综试区登记备案的电子商务企业及个人开立个人外汇结算账户，凭与代理企业签订的进出口代理合同（协议）或运单直接在银行办理跨境电子商务涉及的外汇收支，不受 5 万美元个人结售汇年度额度限制，逐步提高货物贸易单笔金额上限等。

想一想

国内电子商务与跨境电子商务有哪些方面的区别？

1.2　跨境电子商务与国际贸易

国际贸易是指跨越国境的商品和服务交易，一般由进口贸易和出口贸易组成。例如，一个国家的进出口商通过另一国家的进出口商，集中将批量货物经过多级分销输送给有进出口需求的企业或客户。因此，国际贸易在进行交易时，需要经过生产制造企业、出口商、进口商、批发商、零售商和客户。与国际贸易相比，跨境电子商务大大减少了进出口的环节，简化了交易流程，买家可直接通过跨境电子商务平台下单，卖家直接通过国际物流将货物运送至买家手中。

一、跨境电子商务与国际贸易的联系

国际贸易是指不同国家之间商品与服务的流通，而跨境电子商务是不同国家之间通过电子商务平台进行的商品与服务的流通，因此跨境电子商务属于国际贸易的一部分。目前，主流的跨境电子商务都是对原有国际贸易具备相当基础的商品类目进行的电子商务化。跨境电子商务逐渐成为一种贸易趋势，一方面，消费者拥有更加及时、丰富的产品选择；另一方面，卖家拥有更加直接、实时的消费者反馈。

二、跨境电子商务与传统国际贸易的区别

1. 商业模式不同

传统国际贸易的商业模式覆盖了外国工厂、外国批发商、外国出口商、本国进口商、本国批发商、本国零售商等环节；而跨境电子商务主要覆盖的是卖家、平台与消费者，剔除了烦琐的中间环节。相较于传统国际贸易，跨境电子商务贸易链路更短。

2. 交易对象不同

传统国际贸易的交易对象以大宗商品、原材料为主,例如大宗的食品、机械设备、矿物燃料等;而跨境电子商务的交易对象以面对终端消费者的商品为主,例如一双球鞋、一台笔记本电脑。

3. 交易体量不同

传统国际贸易单笔货量较大,交付周期长,订单与订单之间不具有连续性;而跨境电子商务单个订单小,交付快,销售和订单具有连续性。因此,相较于传统国际贸易,跨境电子商务交易双方承担的风险较小。

4. 进出口环节不同

在进口环节中,一般国际贸易进口需要向口岸海关申报,税制为货物税,需要缴纳的税费包括的税种较多,监管手续也很严格,时间长而且成本较高;而跨境电子商务的通过模式有很多种,包括分类通关、无纸化通关等,通关速度与效率较高。在出口环节中,对于海关监管代码(见表1-1),目前一般传统外贸企业选择9710较多,而跨境中小型卖家选择9810和9610较多。

表1-1 海关监管代码

代码	解释
9610	B2C一般出口模式,客户是个人,在第三方平台下单后,由企业或者代理人通过"单一窗口"或者"三单信息"传输给海关,提交申报清单,采取"订单核放、汇总申报"的方式办理报关手续
9710	B2B直接出口模式,客户是企业,通过平台下单后,采用跨境物流将货物直接出口至境外企业,并向海关传输相关电子数据。此模式于2020年7月起,陆续在部分直属海关进行试点,目前已扩容至北京、杭州、宁波、上海、福州等22个试点
9810	出口海外仓,指企业将货物通过跨境物流出口至海外仓,然后通过跨境平台送达消费者手中,并向海关传输相关电子数据。简单来说,就是下单后由海外仓直接通过物流派送上门,目前此类方式也逐步走向稳定

5. 交易方式不同

国际贸易结算通常采用汇付、托收、信用证等方式;而跨境电子商务采用货币直接结算,当地消费者以本地货币进行购买,跨境电子商务平台与跨境卖家进行结算。跨境电子商务卖家可以通过第三方支付平台或卖家在销售目的国的海外银行账户进行收款。

6. 税收不同

一般贸易方式通常需要全额征税,触及杂乱的关税、增值税及消费税等;而跨境电子商务面临的税收通常简略许多。

阅读材料

国际贸易分类

1. 按商品移动的方向分

（1）进口贸易：将他国的产品及服务引进本国市场销售。

（2）出口贸易：将本国的产品及服务输出他国市场销售。

（3）过境贸易：甲国途径乙国运送产品及服务至丙国进行销售，对乙国来说就是过境贸易。

2. 按商品的形态分

（1）有形贸易：产品以实物形态进行的进出口贸易行为。

（2）无形贸易：产品没有实物形态的进出口贸易行为。

3. 按生产国和消费国在贸易中的关系分

（1）直接贸易：产品生产国及产品消费国在交易过程中不经过第三方国家的贸易行为。

（2）间接贸易：产品生产国及产品消费国在交易过程中经过第三方国家的贸易行为。第三方国家被称为转口贸易国。

想一想

对于中小型企业来说，相较于通过国际贸易拓展业务，通过跨境电子商务拓展业务的优势有哪些？

1.3 跨境电子商务发展历程与趋势

一、跨境电子商务的发展历程

跨境电子商务的主要发展历程可以分为五个阶段，具体如下：

1. 跨境电子商务 1.0 阶段（20 世纪 90 年代末—2003 年）

跨境电子商务起源于 20 世纪 90 年代末，最初的跨境电子商务采用的商业形式是网上展示供需信息，线下完成交易。此时的盈利模式主要是向进行信息展示的企业收取会员费等。跨境电子商务在此发展过程中逐渐衍生出竞价推广、咨询服务等，为供应商提供一系列的信息增值服务。

该阶段以阿里巴巴国际站以及环球资源网为典型代表平台，同时还出现了中国制造网、韩国 EG21 等大量以供需信息交易为主的跨境电子商务平台。在此阶段，虽然通过互联网解决了中国贸易走向世界买家的问题，但是这些跨境电子商务平台仅提供企业与产品信息，不涉及任何交易环节。该阶段的跨境电子商务整体仍然依附于传统的外贸，对于外贸电子商务产业链的整合仅实现了信息整合这一步。

2. 跨境电子商务 2.0 阶段（2004—2011 年）

该阶段开始出现线上交易平台，跨境电子商务逐步实现了在线交易、订单物流管理等功能。在跨境电子商务 2.0 阶段，B2B 平台模式为跨境电子商务主流模式。

在该阶段，跨境电子商务平台实现了营收的多元化，将收取"会员费"改为以收取交易佣金为主，同时还通过提供营销推广服务、支付服务、物流服务等获得增值收益。

3. 跨境电子商务 B2C 的萌芽期（2012—2015 年）

在该阶段，跨境电子商务平台的数量相对较少，相关配套的基础设施尚不完善。以亚马逊平台为例，2012 年亚马逊"全球开店"项目正式在中国启动，而后越来越多的中国企业通过亚马逊"全球开店"拓展国际市场，至 2015 年借助亚马逊中国"全球开店"走向国际市场的中国卖家数量相较 2012 年增长了 13 倍[①]。在这一阶段，中国的跨境电子商务 B2C 业务完成了萌芽期的蜕变。

4. 跨境电子商务 B2C 的快速发展期（2016—2019 年）

在该阶段，庞大的海外市场需求及外贸企业转型升级的发展等因素都助推行业快速发展，具有灵敏嗅觉的大体量卖家开始涌现，2019 年中国出口跨境电子商务交易规模达到了 8.03 万亿元[②]。但由于尚未形成一个规范，整体以草根卖家团队为主，业务模式以简单粗暴出单为导向。

5. 出口跨境 B2C 的行业爆发期（2020 年至今）

2020 年受疫情影响，线下消费受到抑制，为线上消费带来了全球性的机遇。与此同时，国家政策支持也促进了跨境电子商务快速发展。加之各地采取综合举措发展新业态有利于加速打造跨境电子商务发展的生态，国内电子商务企业、国内工厂、国内品牌开始大举进入跨境电子商务行业，已经初步形成部分品类的头部卖家，规模达数亿元乃至数十亿元。海关统计调查显示，2023 年中国跨境电子商务出口规模达到 2.38 万亿元，同比增长 15.6%。另一方面，爆发期的迅速增长也使得跨境电子商务行业迎来合规化转型。

二、跨境电子商务的发展趋势

伴随着全球互联网信息技术的高速发展、跨境电子商务配套设施的完善，加之行业政策性利好，跨境电子商务发展呈现出以下几大趋势：

1. 品牌化建设加快

中国跨境电子商务的品牌建设仍停留在初级阶段，经过近几年的孕育和发展，出口跨境电子商务让一些工厂型跨境卖家意识到了品牌培育的重要性。他们开始从后端走向前端，也从原来的海外品牌代工逐步走向创建自有品牌，开始构建自己的海外销售渠道，试图改变传统的 OEM 贴牌模式，在扩大出口交易量的同时构建独特的竞争壁垒，建立海外客户对自己品牌的认知。

---

① 亚马逊中国：《2015 跨境电子商务趋势报告》。
② 网经社电子商务研究中心：《2019 年度中国跨境电商市场数据监测报告》。

2. 注重本地化发展

自跨境电子商务发展以来,本地化成为制约着跨境卖家进一步发展的痛点。因此,在电子商务出海的过程中,他们逐渐开始尝试本地化的运营,以客户服务本地化、市场营销本地化、退换货处理本地化及物流配送本地化(海外仓)为主要发展方向,逐步提高服务质量。

3. 从 PC 端到移动端

随着全球主要国家和地区的移动互联网渗透率不断提高,智能手机等移动终端迅速且广阔的渗透已经成为电子商务增长的最大助推力。这些移动终端自带"便利性",消费者的购物行为不再受时空的限制。据相关数据显示,以 2020 年 8 月美国、英国、印度尼西亚用户网络使用时间为例,这些地区用户使用移动网络时间占使用全部网络时间的比例分别达到 79%、81% 和 92%,相较于 PC 端,移动端成为更多用户的选择。移动端发展成为跨境电子商务卖家需要关注的重点。

4. 从单一海外市场到多站点

跨境电子商务卖家过去更多地专注开发单一海外市场,如今不少跨境电子商务卖家选择在多平台开通店铺将产品分销到多个国家和地区,扩大市场,激活更多的潜在客户群,形成多站点、多平台的格局。

5. 从全面到细分

海量 SKU 铺货是不少早期跨境电子商务卖家店铺运营的策略。而近年来,随着市场、消费者对网购品质追求的不断提升,品牌化、专业化、垂直化的卖家在跨境市场表现出了更强的增长势头,跨境电子商务行业发展逐步从大品类的红海竞争转移到垂直类目的深耕。尤其是中小企业专注于细分领域,采用单点爆破的方法,能够快速建立起自己的优势壁垒,深耕垂直品类是必然趋势。

阅读材料

信诚:将垂直化进行到底,五年实现销售额翻 10 倍

深圳市信诚网络技术有限公司(以下简称"信诚")是专注于汽配、家居、运动品类的工贸一体企业,从 2014 年开启亿贝之路,到 2016 年在亿贝平台发力,业务规模迅速扩大;之后持续 4 年快速增长,2020 年亿贝业务量相比 2016 年翻了 10 倍。

汽配品类是信诚在亿贝打开局面的第一个品类。亿贝是全球最大的线上汽摩配交易平台之一,全球有超过 3 亿条汽摩配件产品在亿贝平台上刊登,全球 1 万多的品类在亿贝平台上售卖,许多消费者都把亿贝平台作为汽配类产品购物的首选,这为信诚提供了无限广阔的海外市场。经过多年实践,信诚已经逐渐建立起一套属于自己的精细化运营方法论,把深耕垂直品类落到了实处。

信诚深耕品类的重点是将每个 SKU 做精做细。信诚的精耕细作体现在从产品开发、Listing 管理到客服管理、库存管理等方方面面。例如在车灯的品类下,他们发现车灯消费的趋势是往小型化、更易安装这个方向走,而散热并不是消费者首先看重的功能,于是信诚与供应商协商,在技术层面改进了车灯的设计,生产出更能满足海外消费者需求的车灯产品，取得了很好的市场效应。此外，信诚的跨境电子商务团队也不再按照平台来划分，而是按照品类和产品来划分，以提高运营管理的效率。

通过精细化运营将深耕垂直品类真正落到实处，为信诚的亿贝业务带来了飞跃。量的突破带来质的飞跃，凭借对终端消费者偏好的精准把握与供应链优势，品牌化成为信诚发展的必然战略。目前，信诚已经拥有四个汽配品牌，为下一步拓展海外市场打下了坚实的基础。

想一想

跨境电子商务的发展还有哪些趋势？

1.4 跨境电子商务服务生态

近年来，依靠传统出口开拓海外市场的企业不断面临挑战，跨境电子商务成为众多出口企业转型升级的便捷途径。但就目前而言，跨境电子商务生态圈的打造仍处在初级阶段，交易链条上的各个环节还在优化过程中，与传统国际贸易生态体系的成熟健全相比，跨境电子商务作为一种新型的商业形态，同样需要与之相适应的生态体系对企业进行孵化。而对所有的跨境电子商务资源整合和优化，是建设生态体系、促进跨境电子商务发展的先决条件。

一、跨境电子商务服务生态发展原因

为满足海量买家的个性化需求，众多卖家越来越专注于电子商务交易与营销，催生出专业化分工并蕴含网络效应的跨境电子商务服务业。跨境电子商务服务生态发展原因有以下几点：

（1）平台业务局限。

一般跨境电子商务平台无法处理整个跨境电子商务流程中的所有业务，比如物流、税务、推广等。因此，卖家可选择第三方服务商来帮助解决交易流程中的问题，有针对性地选择服务商来补足业务短板。

（2）卖家运营需求。

在目前跨境电子商务的发展阶段，卖家不再局限于单一市场的商品销售，涉及多平台、多站点的运营管理，对运营管理的效率提出更高的需求。服务商能协助卖家提升精细化运营能力，实现财务、供应链高效协同，也能在海外商标注册、专利申请等企业运营难点上提供支持。

（3）新兴业态出现。

随着更多的新兴业态出现，比如直播电子商务、海外仓、一键代发货模式等，跨

境电子商务卖家对于服务商需求的种类越来越多,也将出现更多细分的服务类型。

二、跨境电子商务服务商行业现状

跨境电子商务服务商是指除平台之外的第三方服务提供商,即以出售服务为主营业务的专业化公司,服务内容包括营销推广、仓储物流、支付、客服、法律咨询、培训、数据、融资、孵化等。根据提供的服务内容不同,跨境电子商务服务商可以分为综合类服务商、营销代运营服务商、物流服务商、金融支持服务商等类型。各类型服务商代表企业如表1-2所示。

表1-2 跨境电子商务服务商分类及代表企业

序号	分类	代表企业
1	综合类服务商	世贸通、阿里巴巴一达通
2	营销代运营服务商	四海商舟、畅路销、丝路互联、领星
3	物流服务商	中国邮政、UPS、DHL、FedEx、顺丰速运
4	金融支持服务商	Visa、PayPal、连连支付、PingPong
5	其他	税务服务商:沙之星跨境、J&P 培训服务商:亿丰电商学院 合规化服务商:Eurora

1. 跨境物流成企业重点目标

跨境电子商务物流是服务于跨境电子商务产业链条的关键环节。在海外市场持续扩张的背景下,卖家对于物流服务的需求也在不断增加,具体体现为不同地区、运输方式丰富度的要求提高,以及海外仓等业务需求增加。布局海外自动化仓储中心、搭建覆盖全球的高效服务网络和建设国际智能物流体系是物流服务商的发展方向。

2. 新渠道服务能力稀缺

随业务量的增长,卖家对物流管理、运营提升、营销管道和品牌建设等服务的需求增加,服务商的整体服务能力有待改善。另外,服务费用偏高是卖家在寻找服务商时遇到的较大问题。

3. 金融服务成为企业投资新热点

当下跨境电子商务金融方面的痛点主要体现在:对于卖家而言,资金收付的灵活性和透明度、货款回笼的时效性;对于买家和平台而言,付款体验、覆盖国家和地区的广度;对于金融机构而言,交易结构的合规性管理。跨境电子商务细分场景的资金管理需求将逐渐爆发,借助于数字技术的发展,跨境金融服务趋于增多,表现为金融服务提供者在一个国家,通过数字平台给另外一个国家市场主体提供金融服务,金融服务成为企业投资新热点。

想一想

除了本章中提到的服务商类型,跨境电子商务还有哪些类型的服务商?代表企业有哪些？请收集资料进行说明。

🔧 实训演练

任务背景

安克创新是一家跨境电子商务企业，成立于2011年，以"Anker"等品牌通过亚马逊、新蛋等境外大型电子商务平台将产品销往全球，涉及品类包括移动电源、充电器、数据线、蓝牙音箱等数码周边产品。图1-3所示为安克创新在新蛋平台上的产品示例。

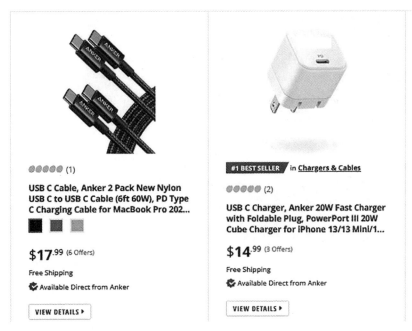

图1-3 安克创新在新蛋平台上的产品示例

除智能充电产品之外，安克创新这几年也开始逐渐拓展产品线，推出智能家居eufy、智能投影Nebula等多个智能硬件品牌，并取得了不错的业绩。虽然疫情对海内外市场的供需都造成了一定的影响，但是安克创新在全球化业务的拓展中再次取得了令人瞩目的成绩：根据数据显示，2020年安克创新在日本、欧洲、北美、中国大陆等主力市场均实现了30%以上的大幅度增长。

如今，安克创新已经成功地转型成一家科技创新公司，并且还特意在深圳建立了研发中心。在美国消费者最受欢迎的中国品牌榜单中，安克创新顺利入围，和青岛啤酒、海尔等巨头企业并列。

本实训主要针对安克创新跨境电子商务案例进行分析介绍。

任务分析

根据本章的学习内容来收集整理安克创新的发展历程、目标海外市场开发历程，分析其采用的是哪一种跨境电子商务的模式，以及安克创新在产品运营等方面可供借鉴的成功经验。

任 务 实 施

以五人为一组进行分组并开展任务，每个小组成员分配不同的学习任务。最后每一组把分析结果以课堂汇报的形式展示出来，并进行评比。

本章练习

一、选择题

1. 电子商务是通过（　　）销售商品、提供服务的经营活动。

　A. 增值网　　　　　B. 虚拟网　　　　　C. 互联网　　　　　D. 个人对个人

2. 跨境电子商务的发展呈现出（　　）的趋势。

　A. 产业生态更为完善

　B. 产品品类和销售市场更加多元化

　C. B2C 占比提升，B2B 和 B2C 协同发展

　D. 上述都对

3. 电子商务平台常用的交易模式有 B2B、B2C、B2G、C2C 等，其中 B2C 是指（　　）。

　A. 企业对企业　　B. 企业对个人　　　C. 企业对政府　　　D. 个人对个人

4. 国际贸易按商品形态可以分为（　　）。

　A. 进口贸易与出口贸易　　　　　　B. 有形贸易与无形贸易

　C. 直接贸易和间接贸易　　　　　　D. 过境贸易和出口贸易

5. 开始出现线上交易平台，跨境电子商务逐步实现在线交易、订单物流管理能力等功能是在跨境电子商务（　　）阶段。

　A. 1.0 阶段　　　　　　　　　　　B. 2.0 阶段

　C. B2C 萌芽期　　　　　　　　　 D. B2C 快速发展期

二、简答题

1. 跨境电子商务现如今呈现出怎样的发展趋势？

2. 什么是国际服务贸易？国际服务贸易有哪几种方式？国际服务贸易的作用是什么？

3. 传统外贸为什么要向跨境电子商务转型？

第2章
跨境电子商务平台

```
跨境电子商务平台 ┬ 跨境电子商务平台介绍 ┬ 全球性跨境电子商务平台
                 │                      └ 区域性跨境电子商务平台
                 └ 跨境电子商务独立站   ┬ 常见跨境电子商务独立站
                                        └ 跨境电子商务独立站的优劣势
```

学习目标

【知识目标】
1. 了解跨境电子商务平台的分类方式及概况。
2. 熟悉主流跨境电子商务平台的特点。
3. 熟悉主流跨境电子商务独立站的特点。
4. 了解跨境电子商务独立站的优势和劣势。

【技能目标】
1. 能够区分不同跨境电子商务平台的风格及定位。
2. 能够区分不同跨境电子商务独立站的风格及定位。

【思政目标】
能够在跨境电子商务平台分析中坚持社会主义核心价值观。

引导案例

Joom平台（见图2-1）是俄罗斯知名的电子商务平台，成立于2016年6月，定位为移动端购物平台，目标市场主要针对俄罗斯境内。经过近年来的迅速发展，Joom平台成为电子商务平台中冉冉升起的一颗新星。2016年11月，Joom平台对中国卖家开放，之后更是进入高速发展阶段。2021年6月1日起，Joom平台开放全品类招商，其中时尚、消费电子、家居、健康美容、户外运动五大类目作为平台主营类目，正式启动Top店铺招募计划。Joom平台成为中国跨境卖家热衷的平台之一。

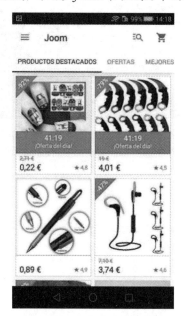

图2-1 Joom平台界面

结合案例思考并回答以下问题：
（1）你所熟悉的跨境电子商务平台还有哪些？
（2）跨境电子商务平台移动端会是未来的趋势吗？为什么？

2.1 跨境电子商务平台介绍

跨境电子商务平台不仅大大提升了跨境交易效率,改变了外贸公司传统贸易格局;也给全球消费者带来便利,消费者可以购买来自世界各地的商品,或更加便捷地在线上购买当地商品。因此,跨境电子商务行业涌现出越来越多的跨境电子商务平台,例如亚马逊(Amazon)、新蛋(Newegg)、亿贝(eBay)、全球速卖通(AliExpress)、薇仕(Wish)等主流跨境电子商务平台,并极大地引起了消费者的关注。

一、全球性跨境电子商务平台

随着经济全球化程度越来越高,跨境电子商务平台在全球贸易中的作用越发重要,所面对的消费者遍布全世界。下面将介绍主流的国际性跨境电子商务平台亚马逊、新蛋、亿贝、全球速卖通、薇仕。

1. 亚马逊

亚马逊是目前全球最大的网络电子商务公司之一,拥有亚马逊海外购、亚马逊全球开店、Kindle 电子书、亚马逊物流运营、亚马逊云计算服务等核心业务。

亚马逊成立于 1994 年,成立初期主营书籍售卖业务,通过品类扩张和国际扩张,推广第三方开放平台和服务,商品逐渐走向多元化,成为一家综合服务提供商。同时,亚马逊也是电子商务平台中流量最多、辐射地域范围最广的平台之一,在美国、加拿大及欧洲多个国家的市场占有率都位列第一。亚马逊平台首页如图 2-2 所示。

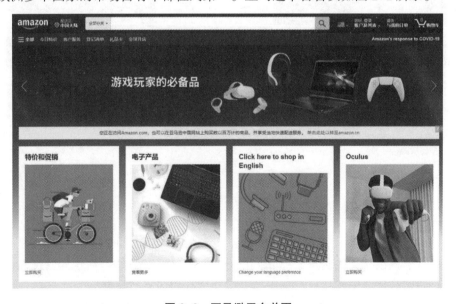

图 2-2 亚马逊平台首页

基于亚马逊北美站点的流量优势和多站点优势,亚马逊仍然是很多中国卖家开展跨境电子商务业务的重要选择。随着2020年新冠疫情的暴发,线下购买渠道严重受限,线上购买需求急剧增多。2020年美国亚马逊新增卖家中的中国卖家比例相较于2019年及2018年有明显提升,新增卖家中有一半来自中国。

亚马逊平台的特点如下:

(1)品类丰富。亚马逊为消费者提供电子产品、园艺用品、珠宝首饰、宠物周边、户外用品、服饰配件、家电、婴幼儿用品、食品、鞋类、玩具、体育用品等。

(2)物流服务覆盖范围大。亚马逊的跨境物流体系依托于全球17大站点,包括美国站、墨西哥站、英国站、日本站、澳洲站等。据亚马逊官网显示,亚马逊有着完善的物流配送体系,能够确保消费者购买跨境商品后快速准确地收到货品。

总体来说,亚马逊是规模最大、影响范围最广的主流跨境电子商务平台之一,具有完善的跨境物流配送体系和全球领先的物流交付能力,注重产品品质,对入驻卖家的资质有较高的要求。

2. 新蛋

新蛋于2001年成立于美国,是美国第二大网上零售电子商务平台。近几年,新蛋销售的商品品类已经从电子科技产品扩展到汽车用品、游戏设备及运动用品等,销售区域广泛分布于中东、亚洲、大洋洲等地,主要面向18~35岁的男性群体。新蛋平台首页如图2-3所示。

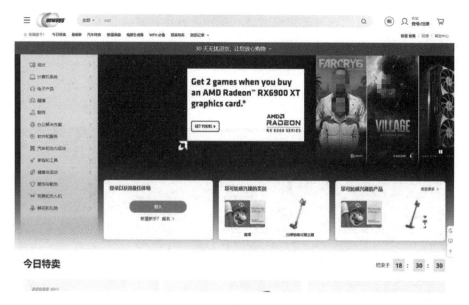

图2-3 新蛋平台首页

新蛋平台的特点如下:

(1)卖家优质,品牌丰富。作为以电子产品起家的电子商务平台,新蛋平台积累了大量的电子科技品类优质卖家,同时也培养了大量的忠诚顾客。在这样的良性循环下,新蛋平台畅销品从数码产品、汽车用品、运动用品向多品类拓展。

(2)提供专业的平台服务。新蛋的入驻卖家由平台的专业经理扶持店铺运营,后台提供一站式高效店铺管理功能,为卖家提供开店指导、卖家培训、广告服务、物流售后等优质的服务。新蛋根据中国卖家的特点,专门设计符合中国卖家实际情况的招商和运营政策,为新手卖家开店保驾护航。

(3)开辟独立站服务。新蛋立足于"品质中国,世界共享,从'新'出发"的战略方针,在拥有大量优质的品牌卖家的基础上致力于为他们提供最优质的服务。2021年起,新蛋开发了独立站建站及配套功能,并以增值服务的形式提供给新蛋的优质卖家。新蛋的独立站服务使卖家共享新蛋的产品管理、订单处理、用户营销、广告买量功能系统,尽可能地为中国卖家降低开店门槛、提供便利。

(4)营销模式多元化。随着电商行业的发展与创新,我国电子商务直播带货异军突起,这为跨境电子商务营销带来了新思路。新蛋不仅能提供移动端、social media 等其他渠道,还新增了新蛋直播(Newegg Live),卖家可通过新蛋直播开展直播、介绍产品、通告活动等,实现与买家的直接交流,而买家也能通过观看直播对产品有更加深入的了解。针对直播的卖家,新蛋平台会给予相应的站内流量分发,卖家直播结束后,后台会生成一套详细的直播数据。

(5)依托综保区,促进卖家出口阳光化。随着跨境电子商务新业态、新模式的快速发展,新蛋平台入驻上海洋山特殊综保区,投入运营支持一般贸易出口、B2C 跨境出口以及 B2B 跨境出口等多元运作模式的中国首个本土跨境电子商务平台前置仓项目。新蛋将以上海洋山特殊综保区为依托,打造新蛋中国跨境电子商务双循环一体化工程,做到卖家出口阳光化、跨境电子商务运营平台化、跨境电子商务服务标准化。

3. 亿贝

亿贝是二手产品交易平台,同时也是仅次于亚马逊的跨境电子商务平台。亿贝于 1995 年创立,一开始只是一个拍卖网站,随着网站的多年运营和发展,成了国际购物平台。亿贝平台首页如图 2-4 所示。

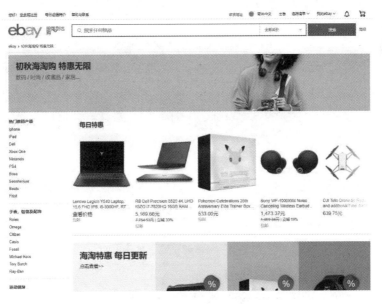

图 2-4 亿贝平台首页

亿贝平台的特点如下：

（1）以二手产品交易为主。亿贝为规范完善的二手产品交易平台，为消费者提供数以万计的二手产品，这是亿贝区别于其他主流跨境电子商务平台的最大特点。同时，亿贝推翻了早期规模小的跳蚤市场，将买家与卖家联系在一起，创造了一个以"二手产品"为核心品类、兼具其他商品的市场。

（2）销售模式独特。亿贝平台的产品以拍卖和一口价为主要的销售模式，另外还有定价出口、无底价竞拍等模式。拍卖指的是卖家通过竞拍的形式销售自己的产品，而出价最高的买家则能购买到产品。卖家还可以设置一个保底价格，然后让买家在此基础上竞相报价，这能提升买家的购物体验。

（3）卖家入驻门槛低。亿贝平台开店门槛低且免费，国际影响力较高。在亿贝平台开店不需要提供任何电子商务平台流水，跨国认证也只需要增加简单的验证即可。

总体来讲，亿贝平台在国际影响力、全球市场覆盖率、客户保障体系等方面都有其优势，通过大数据支持强化对卖家的支持和保护，助力卖家业务快速发展。

4. 全球速卖通

全球速卖通是我国阿里巴巴集团旗下的跨境电子商务平台。它是面向境外客户，通过支付宝国际账户进行担保交易，并使用国际快递发货的平台。全球速卖通创立于2010年，是阿里巴巴集团旗下唯一一个面对全球的英文在线购物网站，也被卖家称为国际版淘宝，覆盖全球220多个国家和地区，目前已成为全球第三大跨境电子商务购物平台。全球速卖通平台首页如图2-5所示。

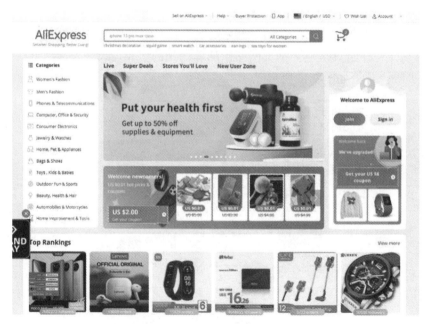

图2-5 全球速卖通平台首页

全球速卖通平台的特点如下：

（1）品类丰富。全球速卖通平台经营大类有三十多种，包括服装、电子产品、家具、饰品等，拥有多种语言分站。全球速卖通平台丰富的产品资源是许多其他跨境电子商务平台无法比拟的。这一点与亚马逊平台情况相似。

（2）平台准入门槛低，能够满足许多小企业快速开展出口业务的愿望。公司、组织和个人可以在全球速卖通平台上发布产品。10款产品发布后，卖家可以在全球速卖通平台上建立自己的店铺，然后直接与全球220个国家和地区的消费者或小企业沟通、交流，并向全球220个国家和地区发布和推广产品。

（3）平台交易手续费率较低。全球速卖通平台交易手续费率低于大部分平台，与其他主流跨境电子商务平台相比具有明显的优势。全球速卖通平台拥有的淘代销功能，能够吸引大量卖家入驻平台，非常便捷地将淘宝产品一键代销卖向全球。

可以说，依靠着阿里巴巴集团的高知名度，全球速卖通平台的核心优势是在全球贸易的新形势下，打造融合订单、支付、物流为一体的国际小额批发在线交易平台，为更多小卖家提供一站式跨境电子商务服务，让更多买家买到物美价廉的产品。

5. 薇仕

薇仕(Wish)是一个全球性的移动购物平台，消费者可以通过移动端App进行浏览购物。薇仕于2011年12月创立，是一款具有个性化推荐功能的购物App，能够通过数据分析消费者的偏好和行为。薇仕平台首页如图2-6所示。

图2-6　薇仕平台首页

薇仕平台的特点如下：

（1）以女性客户为主。薇仕平台主要以女性客户为主，女性客户在全部消费者中所占的比重超过了80%，且年龄一般在18～30岁之间。因此，薇仕平台的产品主要以女性偏好的产品为主，例如女性服饰、母婴产品、美妆产品等。

（2）平台出单速度比较快，对新手卖家来说不需要太多的运营技巧。薇仕平台运营规则相对来说简单直接，入驻门槛相对较低，在上传商品信息、撰写商品文案、设置物流费用等方面操作也较为容易。

总的来说，薇仕平台是一个新兴的跨境电子商务平台，随着移动互联网发展出越来越多的新形式，在未来薇仕平台将会有更好的发展。

二、区域性跨境电子商务平台

相比全球性跨境电子商务平台，区域性跨境电子商务平台针对的是周边国家和地区的客户群体。这里以北美、南美、东南亚三个地区的跨境电子商务平台为例，介绍沃尔玛（Walmart）、美客多（Mercado Libre）、虾皮（Shoppe）等平台。

（1）北美跨境电子商务平台。

北美市场消费力强，市场潜力巨大。强大的制造业，使得无论是普通的民用消费品、商用仪器，还是工业材料、零配件、机械设备，都能在北美找到适当的市场。北美市场比较成熟，市场经济发展已经达到了十分成熟的水平，同时竞争也十分激烈。在全球消费市场上，以购买力来说，北美和欧洲是两个极为重要的市场。对于一个产品制造商来说，能在这两个市场占有一席之地，大概也就意味这个企业具备了一定的世界市场竞技的实力。因此，北美的市场竞争十分激烈，产品供应基本处于饱和状态。

沃尔玛是全球最大的连锁零售企业，零售业遍布全世界多个国家和地区。2012年，沃尔玛电子商务平台正式上线，开启跨境零售之路。沃尔玛通过收购一系列线上购物平台，逐渐形成相对完整的线上布局。沃尔玛面向第三方卖家开放入驻条件，第三方卖家销售的产品与沃尔玛自有平台库存一同显示。沃尔玛平台首页如图2-7所示。

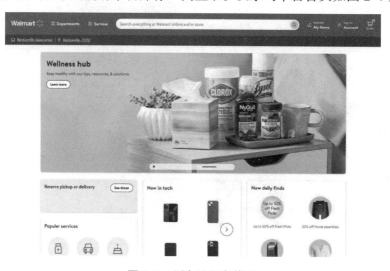

图2-7　沃尔玛平台首页

沃尔玛平台的特点如下：

①平台入驻门槛高。沃尔玛平台的特点是卖家入驻门槛高，卖家数量少，卖家必须收到平台邀请才能入驻。同时，沃尔玛作为最大的零售业品牌，品牌形象好，对于买卖双方来说值得信赖。

②平台内竞争较少。沃尔玛平台上的产品数量远低于亚马逊平台，这对于第三方卖家选择产品售卖是非常有利的。另外，卖家入驻门槛高导致卖家数量相对较少，减少了第三方卖家的竞争压力。

沃尔玛一直非常重视在中国市场的发展，"全球 e 购"频道提供了来自世界各个国家和地区的产品，致力于线上线下齐头并进给全球顾客提供更好的服务。

（2）南美跨境电子商务平台。

①美客多。

美客多是一家阿根廷电子商务平台，成立于 1999 年，现在已成为拉美国家最受欢迎的跨境电子商务平台之一。美客多在创立之初模仿亿贝平台的拍卖模式。随着电子商务业务和跨境业务的发展，美客多平台现在的模式更接近于亚马逊平台的模式。美客多平台首页如图 2-8 所示。

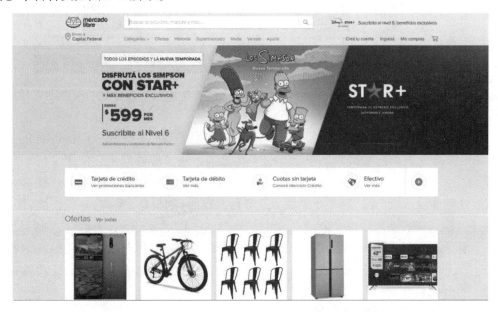

图 2-8　美客多平台首页

美客多平台的特点如下：

a. 以拉美地区为中心。美客多平台针对的客户群体是拉美地区 18 个国家，跨境业务拥有巴西、智利、墨西哥、哥伦比亚 4 个站点。

b. 实行跨境贸易 CBT 计划。入驻卖家在美客多平台可以加入跨境贸易 CBT 计划。通过该计划，卖家可以用一个账户运营多个国家销售策划。

作为拉美地区最受欢迎的网购平台之一，美客多对拉美跨境市场的影响大于亚马逊，是非常具有代表性的主流跨境电子商务平台。

②魅卡多网（Mercado Livre）。

魅卡多网是巴西的一家C2C平台，分为巴西站和国际站。巴西站和国际站都能进行跨境电子商务业务销售，区别在于两者要求的物流时间不同：前者要求物流时间较短，后者要求下单后30日内即可。魅卡多网早期曾与亿贝合作，扩展亿贝在巴西的电子商务业务，逐渐发展成现今如此庞大体量的跨境电子商务平台，用户超过6000万。魅卡多网平台首页如图2-9所示。

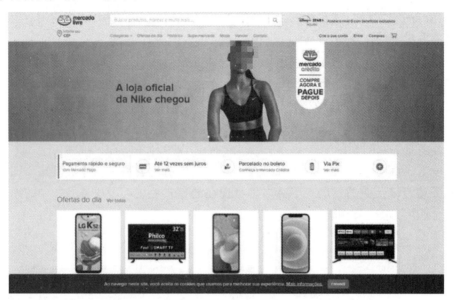

图2-9　魅卡多网平台首页

魅卡多网平台的特点如下：

a. 拥有独立的支付平台。魅卡多网拥有自己的支付平台Mercado Pago，Mercado Pago是目前南美最大的电子支付平台之一，买家能够安全地使用支付平台进行交易。

b. 业务涉及区域广泛。跨境电子商务业务涉及巴西、阿根廷、智利、哥伦比亚、秘鲁、乌拉圭、墨西哥、委内瑞拉8个国家。

总体来讲，魅卡多网在巴西本土知名度较大，但在南美以外的国家或地区知名度较低。按照目前平台流量的情况，魅卡多网的发展空间还是比较大的，对于跨境卖家来说是很好的机会。

（3）东南亚跨境电子商务平台。

随着东南亚经济的发展，东南亚优越的市场环境为跨境电子商务行业发展提供了肥沃的土壤。自2016年起，电子商务行业的发展更加迅猛，东南亚成为全球电子商务增长最快的地区之一。这里介绍东南亚访问量排名前两位的跨境电子商务平台来赞达（Lazada）和虾皮（Shopee）。

① 来赞达。

来赞达是一家泰国电子商务企业，面向印度尼西亚、菲律宾、新加坡、马来西亚和越南等国家和地区销售。来赞达创立于2012年，创立之初的目的是"打造东南亚亚马逊"，于2016年被我国的阿里巴巴集团收购控股。来赞达平台首页如图2-10所示。

图 2-10　来赞达平台首页

来赞达平台的特点如下：

a. 走中高端路线。来赞达平台吸引的主要是中高端客户，注重自身品牌的打造。该平台与中国的天猫平台较为相似。

b. 采用全球精品模式。同款商品在来赞达平台的产品定价普遍比本土其他电子商务平台高，突出营造"优质品牌"购物环境。

总体来讲，来赞达是一个销售中高端产品的跨境电子商务平台，在塑造品牌高品质形象的过程中，在东南亚越来越占有市场。

②虾皮。

虾皮于 2015 年 6 月在新加坡正式上线，是东南亚最受欢迎的跨境电子商务平台之一。自上线之后，虾皮的发展速度一直保持东南亚第一。虾皮目标客户市场为新加坡、印度尼西亚、菲律宾、泰国、越南、马来西亚和中国台湾地区，虾皮平台马来西亚站首页如图 2-11 所示。

图 2-11　虾皮平台马来西亚站首页

虾皮平台的特点如下：

a. 以移动端推广为主。虾皮主要发展移动端购物平台，凸显出强社交属性。买家可以通过成为卖家粉丝了解优惠活动，并通过分享功能与朋友分享产品。

b. 主要以个人店铺为主。虾皮平台具有较强的价格竞争优势，采取薄利多销的营销方式吸引东南亚中低消费人群。

c. 具有完整的SLS物流体系。SLS物流体系能够控制物流成本，使物流成本低于来赞达物流成本，从而降低买家购物成交价格。

虾皮平台自推出后，一直被称为"中国版淘宝"——其发展模式和发展速度都与淘宝有相似之处。随着东南亚地区互联网的快速发展，虾皮也将成为具有高增长、高潜力的平台。

2.2 跨境电子商务独立站

除了上述提到的主流跨境电子商务平台，在跨境电子商务行业还有一种被称为独立站的跨境购物网站。

跨境电子商务独立站也被称为跨境电子商务独立网站，是指跨境电子商务企业通过购买服务器及域名自行搭建、自行进行营销推广运营的购物网站。

跨境电子商务独立站与第三方跨境电子商务平台在运营模式上存在较大差异。第三方跨境电子商务平台本身为电子商务而生，知名度高，消费者基数大，流量多，卖家基本不需要通过站外做推广引流，但平台内流量竞争激烈。

对于跨境电子商务独立站中的店铺，客户所有的资料都由卖家自己拥有，卖家可以通过这一系列数据或者资料有针对性地对这些客户群体或者相似的客户群体进行营销。同时，跨境电子商务独立站可以自主在谷歌（Google）等广告平台进行站外引流，店铺能掌握引流数据，以便及时优化。

一、常见跨境电子商务独立站

这里简要介绍常见的跨境电子商务独立站建站平台店匠独立站中国版（Shopify）和有赞（AllValue）、新蛋独立站（NWS）等。

1. 跨境电子商务独立站建站平台——店匠独立站中国版

跨境电子商务独立站的建立是比较困难的，而且需要较为强大的技术支持。因此，市面上就出现了跨境电子商务独立站的建站平台。店匠独立站中国版就是目前较受欢迎的建站平台。

店匠独立站中国版对于有建立跨境电子商务独立站需求的中小卖家来说是必不可少的建站工具，它非常适合用来建立跨境电子商务独立站。图2-12所示为店匠独立站中国版建站页面。

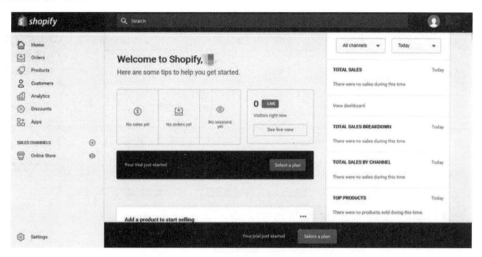

图 2-12　店匠独立站中国版建站页面

店匠独立站中国版本质上是一站式电子商务服务平台，能够为跨境电子商务卖家提供搭建网店的技术和模板，为跨境电子商务卖家提供管理独立站的销售、推广、数据分析等服务。

店匠独立站中国版有以下几个特点：

（1）能够提供精美的独立站模板，上百种精选电子商务主题模板一键应用，卡片式操作，无须具备技术和设计能力，卖家能快速拥有一个体现品牌调性，且安全、稳定、高速的跨境电子商务独立站。

（2）能够以本地化功能吸引全球消费者，提供贴合欧美消费者喜好的商店风格及浏览购物体验，支持多语言和多币种，自动生成海外运费和税率，灵活对接不同跨境物流服务。

（3）服务完善，平台提供完整的产品销售、付款、营销推广物流等管理，并提供稳定的技术支持和售后服务。

2. 有赞

有赞是一家能够为电子商务企业提供网站设计搭建服务的独立站。随着电子商务业务量的迅速增长，有赞在全球范围内为越来越多的电子商务企业构建电子商务网站、开展广告投放与社交营销、运营私域流量、连接全球支付及物流，实现客户电子商务业务的持续增长。

有赞作为帮助电子商务卖家构建集购物、营销、管理等多功能于一体的平台的独立站，拥有强大的资源和实力。有赞在全球范围内都有大量的卖家入驻，尤其是对于中国卖家，人性化的服务助力有赞商家更好地拓展流量，推动订单增长。图 2-13 所示为有赞建站页面。

有赞有以下特点：

（1）提供完善的移动端设计服务。目前许多独立站在移动端设计方面有待完善，因此有赞会在移动端的购物网站设计方面提供大量合适的模板，尽可能地提高消费者的体验，例如翻页式落地页、直播购物落地页等。

图 2-13　有赞建站页面

（2）提供海外本土化的电子商务营销功能。中国电子商务市场虽然发展迅猛，但是在营销方面还略有欠缺。有赞能够在 WhatsApp、Facebook 等社交平台进行社交营销，进一步提高电子商务企业的流量。

（3）拥有简便易操作的后端管理软件平台。有赞开发了完全独立的后端管理软件平台，界面有全中文的模式，对于中国电子商务卖家来说，有赞学习成本低，功能完善，易上手。

3. 新蛋独立站

2021年，新蛋开发了独立站建站及配套功能。新蛋的独立站服务是新蛋卖家的专属，卖家需要进入新蛋卖家后台的新蛋独立站专区自主运营独立站，站内布置包括页面陈列、上架产品选择等。另外，在品牌宣传方面，卖家可使用新蛋独立站提供的定向邮件营销工具，或新蛋的广告代投服务。图 2-14 所示为新蛋建站页面。

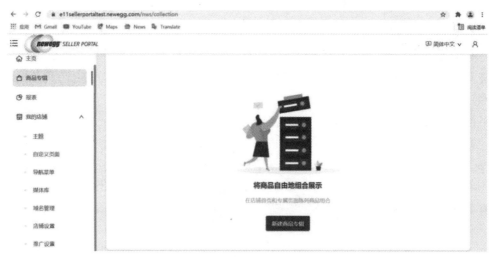

图 2-14　新蛋建站页面

新蛋独立站有以下特点：

（1）采用平台与独立站并行的销售模式。新蛋独立站的卖家既可以在电子商务平台上进行销售，也可以通过由新蛋为其打造的独立站进行销售。新蛋的独立站并不孤立，属于新蛋生态系统的组成部分，可共享新蛋的产品管理、订单处理、用户营销、广告买量等功能系统，实现一键 list 迁移和卖家平台店铺库存共享，尽可能地为卖家提供便利。

（2）拥有强大的后台运营支持。用户可以直接在新蛋平台卖家后台处理独立站的商品管理、订单处理以及营销售后等日常运营工作。共用系统降低了卖家的学习成本，以及日常运营的工作量。平台为新蛋卖家提供专业的开店支持和咨询服务，降低卖家在独立站建设、运营管理等方面的成本，保障新蛋卖家的权益。

（3）兼顾营销渠道与顾客管理。新蛋平台结合自身的海外平台广告投放经验，包括 Google、Facebook 等北美主流广告渠道的投放经验，为独立站用户量身打造出了广告的营销工具及方案，帮助卖家获得最优转化率。新蛋独立站用户可以通过平台开发的客户管理工具和站内外营销工具，经营自己的海外消费者粉丝圈，高效实现与消费者的沟通和推广。

想一想

是否有跨境电子商务独立站与跨境电子商务平台合并的例子？请查找资料说明。

二、跨境电子商务独立站的优劣势

区别于跨境电子商务平台，跨境电子商务独立站是电子商务企业自己的电子商务网站，所有权属于电子商务企业。

跨境电子商务独立站的优势包括：

（1）限制小。

主流的跨境电子商务平台对卖家入驻都会有一定的要求，卖家入驻平台后也必须在平台规则或条款的约束下运作店铺，一旦违反平台规则或条款就会面临平台的处罚；而跨境电子商务独立站由卖家自己经营，卖家可以根据实际情况进行规则或条款的修改和调整。

（2）产品定价自由。

相对于跨境电子商务平台，跨境电子商务独立站的产品定价更加自由。跨境电子商务平台卖家数量多导致竞争激烈、同类产品丰富、同质化严重，打价格战是众多卖家惯常使用的促销手段，最终导致产品利润低甚至亏本销售。跨境电子商务独立站产品定价自由，避免了这样的情况。

（3）有利于形成品牌效应，获得品牌溢价。

随着跨境电子商务独立站的经营扩张和良性发展，逐渐会形成一定的品牌效应，提升客户的黏性，从而获得品牌溢价。

（4）独立拥有完整的客户资料。

跨境电子商务独立站能保留客户所有资料，能使卖家通过数据分析有针对性地对不同的客户群体或者相似的客户群体进行营销。跨境电子商务独立站能够进行多方面、全渠道的网络市场拓展，推广所带来的流量、品牌印象、知名度等。

此外，跨境电子商务独立站的发展还面临着一系列的困境：

（1）初期引流困难，推广周期较长。

跨境电子商务独立站初期流量非常低，这就需要跨境电子商务独立站去推广营销来吸引流量，而且见效周期一般为3到6个月，这对卖家来说是非常艰难的时刻。

（2）独立站自建配套复杂，涉及方面过多。

建立一个跨境电子商务独立站需要非常多的软硬件配套，例如购买域名和服务器、网页端设计、移动端开发、平台后台系统和支付系统建立以及后期的技术维护等，这些涉及的领域非常广，耗时耗力，需要一定的技术支持和人员支持。

实训演练

任务背景

随着跨境电子商务行业的爆发式发展，越来越多的跨境电子商务平台出现在市场上。这些跨境电子商务平台在重点销售品类、运营模式、销售模式等方面存在差异。本实训主要针对阿里巴巴国际站跨境电子商务平台进行分析介绍。

任务分析

根据本章的学习内容从销售品类、运营模式、销售模式三个方面对阿里巴巴国际站进行分析。

任务实施

以五人为一组进行分组并开展任务，每个小组成员分配不同的学习任务。最后每一组把分析结果以课堂汇报的形式展示，进行评比。

本章练习

一、选择题

1. 目标市场是东南亚的跨境电子商务平台是（　　）。

A. 魅卡多网

B. Best Buy

C. Shopee

D. 史泰博

2. 按产品终端用户类型划分，跨境电子商务平台可以分为（　　）。

A. B2B 平台和 C2C 平台

B. B2B 平台和 B2C 平台

C. 第三方开放平台和自营性平台

D. 信息服务平台和在线交易平台

3.跨境电子商务企业之间通过互联网进行产品、服务及信息的交换的平台是(　　)。

A. C2B 平台

B. C2C 平台

C. B2C 平台

D. B2B 平台

4.下列选项中，不属于跨境电子商务独立站的优势的是（　　）。

A. 限制小

B. 产品定价自由

C. 独立站自建配套复杂

D. 独立拥有完整的客户资料

5.下列选项中，属于跨境电子商务独立站的劣势的是（　　）。

A. 限制小

B. 获得品牌溢价

C. 独立站自建配套复杂，涉及方面过多

D. 运营模式过于复杂

二、简答题

1.根据本章的学习内容，主流的跨境电子商务平台有哪些？分别有什么特点？（列出 2 到 3 个平台即可）

2.请收集一定的资料并结合自己的理解，谈一谈为什么亚马逊平台的卖家入驻要求会比较高。

第 3 章
海外目标市场

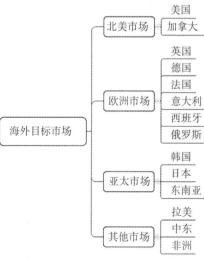

学习目标

在跨境电子商务的运营过程中,充分了解海外目标市场的特点,可以有针对性地进行选品、备货,有利于提升线上店铺的商品销售额,更好地满足海外客户的需求。本章主要对海外市场中的北美、欧洲、亚太等重点地区进行介绍。

【知识目标】

能简述北美、欧洲、亚太等地区的消费习惯和商品爱好。

【技能目标】

能掌握海外市场初步调研、分析的方法。

【思政目标】

培养多了解、多思考的学习习惯,树立全球多元化的价值观。

引导案例

跨境电子商务家具冰火两重天

从2020年年中开始,宅经济需求爆发带动家居产品需求爆发,大件产品尤其是家具、办公用品持续被热捧,包括厨卫个护等小家电在内的产品,持续升温。跨境电子商务家居行业也迎来超级红利期。

根据全球速卖通数据显示,2020年9月份平台大件家具销售额同比暴涨3倍,居家办公椅在欧洲销售额暴涨500%,沙发销售额同比上涨超200%,大型室内灯具上涨超50%,紫外线杀菌灯同比增幅近200%。另据阿里巴巴国际站数据统计,截至2021年10月下旬,家具行业交易额同比增长191%,支付订单数同比增长112%。

大件家具产品之所以热销,主要是因为疫情改变了消费者的购物习惯,使得家居类商品需求量增加。但这个行业火爆的现象并没有坚持多久,甚至自2021年初,原本被热捧的家居行业有逐渐"冷却"的趋势,引起众多卖家的警惕。其原因主要有以下三点:

(1)家具家居产品需求不是高频需求,其实在疫情常态化后,消费意愿能力随之下降,市场呈现供大于求。华经产业研究院数据显示,经历过2020年家具市场出口高峰期,2021年以来单月出口金额和增速有所回落,呈下降趋势,全球家具市场整体呈现收缩现象。

(2)跨国物流成本上升,海运和空运集体飙价。

(3)大件家具产品上游原材料价格持续走高,油漆、木材、板材等价格上涨消息频出。

结合案例,思考并回答以下问题:

卖家在入驻海外市场时需要考虑哪些因素?

3.1 北美市场

北美市场对于中国跨境电子商务出口卖家来说是第一大目标市场——该市场体量领先。据《2021全球及中国跨境电商运营数据及典型企业分析研究报告》数据显示，截至2020年5月，美国与加拿大共有多达3.29亿网民，网民规模占地区总人口的渗透率为94.6%。北美地区虽然竞争较为激烈，但是凭借较高的网购渗透率、强盛的消费能力、完善的物流与支付服务体系、丰富的渠道平台等特征成为我国跨境电子商务出口商家的首选。

一、美国

1. 市场概况

据 Internet Word Stats 数据显示，截至2021年3月，美国人口达3.32亿，互联网渗透率达95.6%，线上购物人数达2.56亿，线上消费者比例达77%。从线上消费者占比来看，美国电商市场仍旧绰有余裕。按照年龄划分，美国的80后、90后和00后已经成为网购的主力军，约占美国人口的50%。

对于中国跨境电子商务出口卖家来说，美国是市场成熟度最高的优质目标市场之一。美国电商市场竞争激烈，目前有亚马逊、新蛋、亿贝等多家全球知名电商企业。根据2020年雨果跨境报告的美国电商企业排行显示，排名前三的电商企业分别是亚马逊、亿贝和沃尔玛。

2. 消费习惯

①大型电商网站（如亚马逊、新蛋、Best Buy等）是美国消费者最常用的网上购物平台。

②在购物偏好上，有超过60%的人喜欢网购，每周平均网购时间在5.5小时以上，并且基本上每个月都会网购。

③对于美国消费者来说，在做出购买的决定之前，往往会查阅并比较多家电商网站，尤其是在消费电子品类产品时，该特征更为显著。有将近一半的消费者会浏览2个以上的网站，平均会浏览3个网站。

④须符合美国当地的一些风俗，比如美国人比较偏爱猫头鹰和白猫，但对蝙蝠、镰刀、锤头等物品比较忌讳。另外，美国人对数字13或3比较敏感。

3. 品类选择

在产品品类方面，电子产品、衣物、家具家居是线上消费者较多选择的品类领域。据艾瑞报告数据表示，占比分布前三的品类分别是家居及装饰、户外运动、玩具与游戏，分别占比 19%、12%、12%，如图 3-1 所示。

图 3-1　美国市场品类选择情况

二、加拿大

1. 市场概况

根据雨果跨境平台数据显示，加拿大 2020 年 GDP 总计 1.99 万亿加元，人均 GDP 50 000 加元。加拿大目前总人口数约为 3800 万，手机普及率居世界第 8，网购渗透率为 80%。

由于美国公司在市场规模上的优势，加拿大的电商主要由美国电商企业主导，尤其是亚马逊。以销售额来排行，亚马逊引领加拿大电子商务市场，2020 年亚马逊在加拿大的净销售额为 71.36 亿美元；其次是沃尔玛，净销售额为 31.55 亿美元；好市多排名第三，净销售额为 15.66 亿美元；Home Depot 排名第四，净销售额为 14.02 亿美元。

2. 消费习惯

①加拿大消费者与美国消费者的消费习惯相似，倾向于选择大型电商平台，例如电子商务销售额排名前三的电商平台亚马逊、沃尔玛和好市多。

②商品价格和优惠信息是加拿大在线购物者最为关注的两个地方，其次是便利性以及产品可用性。

3. 品类选择

电子与媒体是加拿大消费者最受欢迎的类别，如图 3-2 所示，电子与媒体占 29%。另外，时尚单品占 26%，玩具、业余爱好占 19%，家具和电器占 16%，食品和个人护理占剩余 10%。

另外，加拿大的冬季比较漫长，一般长达半年之久，再加上加拿大地貌广阔，具有丰富的户外资源，因此户外运动格外流行，尤其是冬季冰雪运动，所以对于卖家来说，户外运动是一个非常合适的品类选择。

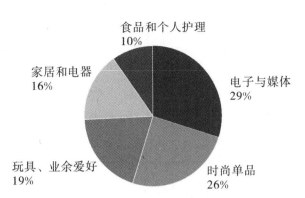

图 3-2 加拿大市场品类选择情况
（数据来源：三态速递）

想一想

1. 北美的跨境电子商务市场规模大概是多少？
2. 加拿大地区有哪些发展前景较好的品类？

3.2 欧洲市场

欧洲是全球电子商务体系发展最为完备的地区之一，自 2015 年以来一直保持着高速增长的态势。据 Internet World Stats 数据显示，截至 2020 年 12 月 31 日，欧洲总网络用户达 7.27 亿人，互联网覆盖率高达 87.7%，成为全球互联网覆盖程度最高的地区。欧洲内部各国和地区的互联网覆盖率普遍较高，互联网覆盖率最低的梵蒂冈城也达到了 60.1%。

欧洲市场区域较大。该地区主要受地域差异的影响，各个国家和地区消费习惯也存在较大的差异。这里将针对该地区头部国家进行具体分析。

一、英国

1. 市场概况

根据 Europe E-commerce Report 2021 数据统计，英国人口约 6650 万，2020 年互联网覆盖率为约 95%，国内生产总值为约 23 780 亿欧元，电子商务销售额占国内生产总值的 9.92%，网购人口比例达 92%。英国是欧洲第一大电子商务市场，其规模在世界范围内仅次于中国和美国。

英国在线零售市场最大的参与者是亚马逊、乐购和亿贝，其他大型在线零售商有 ASOS、Argos 和 John Lewis & Partners。

2. 消费习惯

①网购有较强的季节性：通常在圣诞节期间（11—12月）和情人节前后（2月份）电商销售额会显著提高。

②对中国商品有较高的热情：根据亿贝的调查数据显示，英国每年有420万人曾购买过中国商品，超过80%的英国消费者表示对中国商品十分喜爱。

③由于英国电商发展成熟，物流体系的搭建也已经成型，因而英国人对物流的要求越来越高，特别对运费和附加服务特别敏感。中国卖家要在这方面取得优势，需采取减免运费或增加附加服务的方式。

3. 品类选择

根据 *E-commerce in Europe 2020* 数据显示，英国消费者在线上购物时最常购买的商品为服装和鞋类，比例达到了68%。排名第二的是文化娱乐类（主要为书籍和有声读物），约有46%的消费者表示曾在网购中购买过此品类。排名第三的品类是食品，约有45%的消费者表示曾在线上购买食物，这一数字相比2019年上升了31%。

二、德国

1. 市场概况

德国是欧洲最大的经济体。根据 *Europe E-commerce Report 2021* 数据统计，德国人口约8320万，2020年互联网覆盖率为约95%，国内生产总值为约30 370亿欧元，电子商务销售额占国内生产总值的3.08%，网购人口比例达87%。

根据 Statista 数据显示，亚马逊、德国 OTTO 集团和 Zalando 是德国排名前三的电商企业。除了份额占据较大的亚马逊之外，德国本土电商平台德国 OTTO 集团、Zalando 等也都在迅速发展。这三家公司合计占比德国前100家电子商务公司总销售额的44%。

2. 消费习惯

①据电商解决方案提供商 B2C Europe 的研究显示，70%的德国消费者每个月至少在网上买过一件实体产品，德国消费者成为欧洲最频繁的网购群体，网购花费也比邻国消费者高10%。

②德国人非常看中每一个重大节日，在节日时他们会互赠礼物用以联络感情。近年来，随着网购的盛行，他们大多会在网上购买礼物。因此，在重要的节日，卖家可以推出促销推广活动，例如礼品清单折扣活动、套餐服务活动、满额优惠活动等，将与节日相关的商品和热销的商品结合，做系统的促销推广，从而实现利益最大化。

3. 品类选择

据市场研究机构捷孚凯发布的报告显示，德国2020年销量增幅最大的10类商品中，除医疗用品外，几乎都与居家消费有关：园艺和家庭游乐设备增长53%，办公家具增长46%，缝纫面料增长38%，游戏机增长34%，拼图增长26%，油漆涂料增长25%。

三、法国

1. 市场概况

法国位于欧洲西部,为欧洲国土面积第三大、西欧面积最大的国家。法国有 6700 万多的人口,是欧洲第二大人口国。根据 *Europe E-commerce Report 2021* 数据统计,2020 年法国互联网覆盖率为约 93%,国内生产总值为约 23 430 亿欧元,电子商务销售额占国内生产总值的 4.79%,网购人口比例达 78%,其中 25～54 岁为主力消费人口,占比 36.78%。

根据 E-commerce Wiki 数据统计,法国有超过 120 000 个活跃的电子商务网站,最受欢迎的是亚马逊,每月吸引超过 1500 万独立访问者。除了亚马逊等平台,法国一些本地的电子商务公司,如 Cdiscount、Vente-Privee、La Redoute、Fnac(法纳克)和 Priceminister 等也占有一定的市场份额。图 3-3 所示为法国排名前十的电商公司,排名前三的分别是亚马逊、Cdiscount 和 Vente-Privee。

1. 亚马逊	21.85亿欧元
2. Cdiscount	20.75亿欧元
3. Vente-Privee	18.85亿欧元
4. 欧尚	13.18亿欧元
5. 苹果	8.2亿欧元
6. 法纳克	6.75亿欧元
7. Showroomprivé	5.88亿欧元
8. La Redoute	5.33亿欧元
9. 家乐福	4.94亿欧元
10. 扎兰多	4.72亿欧元

图 3-3 法国排名前十的电商公司

2. 消费习惯

①法国人购物有较强的季节性,这一点与英国消费者消费习惯相同。

②法国人对产品描述非常敏感,因此注意切忌用软件将产品的中文描述直接翻译成法文,机器直接翻译出来的 Listing 会降低法国消费者对商品或卖家的好感度。

3. 品类选择

法国的电商市场主要由时尚类、电子与媒体、食品和个人护理、家居和电器、玩具以及一些 DIY 产品组成。与跨国网购环境日趋成熟的英语国家相比,法国的跨境网购环境仍处于快速发展阶段,消费者对 3C 电子产品和时尚品的需求仍十分旺盛。根据亿贝数据显示,在法国,通信用品、鞋服饰品、家装工具、计算机及配件、工业仪器是位居中国卖家销售额前五名的品类。

四、意大利

1. 市场概况

根据 *Europe E-commerce Report 2021* 数据统计，2020 年意大利互联网覆盖率为约 81%，整体生产总值为约 16 290 亿欧元，电子商务销售额占意大利整体生产总值的 1.99%，网购人口比例达 54%。

与其他几个欧洲国家相似的是，美国电商平台在意大利的市场地位很高。虽然亚马逊直到 2010 年才正式开通了意大利站点，但在 2020 年亚马逊的市场份额已经达到了 38%。根据 *E-commerce in Europe 2020* 数据显示，在意大利排名前三名的电商平台分别为亚马逊、亿贝和 Zalando。

2. 消费习惯

①据调查数据显示，意大利人的线上购物搜索习惯为：近半数消费者选择直接搜索产品并会仔细对比产品的价格，三分之一左右比例的消费者倾向于优先浏览折扣产品信息。

②意大利消费者喜欢通过 trivago、eDreams 与 Expedia 等在线旅游网站预订酒店、机票和购买旅游产品。也有不少意大利消费者使用 Groupon、Privalia 及 Groupalia 等折扣网寻求更便宜的商品以及更低廉的折扣。

③意大利网购人群年龄大多在 18~44 岁之间，55.4% 为男性，44.6% 为女性，购物人群较集中的时间段为每天的 21—23 点。

3. 品类选择

根据 postnord 的报告显示，服装鞋类是意大利人网购的第一选择，有 57% 的线上消费者曾网购过该品类，这与意大利对时尚的执着追求有关。排在第二位的是家电数码类，有 51% 的线上消费者曾网购过该品类。排名第三的是文化娱乐类（书籍和有声读物），有 41% 的线上消费者曾网购过该品类。

五、西班牙

1. 市场概况

根据 *Europe E-commerce Report 2021* 数据统计，2020 年西班牙互联网覆盖率为约 93%，整体生产总值为约 12 160 亿欧元，电子商务销售额占西班牙整体生产总值的 5.63%，网购人口比例达 67%。2020 年，西班牙电商收入为 210 亿美元，同比增长 23.7%。

近年来，中西双边贸易保持稳步增长，目前西班牙是中国在欧盟内第五大贸易伙伴，中国是西班牙在欧盟外第一大贸易伙伴。中国出口的商品主要有纺织品、机电产品、化工产品、轻工产品等。可以看出，中国跨境卖家在西班牙具有利好的市场环境，以及相当大的发展潜力与竞争优势。

根据 Statista 的数据显示，2019 年，亚马逊西班牙站的总流量达到了 6860 万次。除亚马逊外，西班牙连锁百货网站 El Corte Inglés 以 1890 万次的流量位居第二，仅次于亚马逊西班牙站。第三名至第十名分别为Booking.com、全球速卖通、亿贝、Tripadvisor、家乐福、MediaMarkt、Zara和三星。

2. 消费习惯

①西班牙消费者是价格导向的消费者，渴望获得更低廉的价格。在线搜索产品时，他们更注重产品的性价比。值得一提的是，西班牙人喜欢免费的赠品，对于他们来说，在网购时收到赠品，会是一次良好的购物体验。

②与其他欧洲消费者相似，在产品喜好方面，西班牙人经常在网上购买衣服、鞋类、家用电子产品和书籍。值得注意的是，西班牙消费者倾向于在购买前向他们的朋友和家人寻求建议，这意味着商家的声誉和评级很重要。

③根据OCU进行的一项研究，十分之九的西班牙人在用英语交流时感到尴尬。因此，如果想在西班牙在线销售，将网站或者电商页面文字设置为西班牙语十分必要。

3. 品类选择

西班牙最大的细分市场是时尚类，2020年的市场规模为52.45亿美元。除了服饰鞋类外，快速增长的电子产品类别也值得关注，尤其是与电子游戏相关的电子产品。根据Statista 2020年的数据显示，有63%的线上消费者表示曾网购过服饰鞋类产品，有59%的线上消费者表示曾网购过家用电子产品，如图3-4所示。

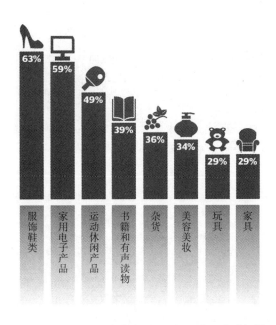

图3-4 西班牙线上消费者2020年网购品类选择情况

六、俄罗斯

1. 市场概况

根据 *Europe E-commerce Report 2021* 数据统计，2020年俄罗斯互联网覆盖率为约81%，整体生产总值为约12 790亿欧元，电子商务销售额占俄罗斯整体生产总值的

2.67%，网购人口比例达 43%。2020 年，俄罗斯电商市场规模为 291 亿欧元左右，高于疫情发生前的预测值 256 亿欧元。2019 年至 2020 年期间，俄罗斯电商市场规模有 44% 的增长，新增购物人次超 1000 万。同时，俄罗斯电商市场也是全球增长最快的 5 个市场之一。

据《2020 年俄罗斯互联网发展趋势报告》报告，Wildberries、M.Video、Citilink、Ozon 是目前俄罗斯排名前四的电子商务公司，而全球速卖通、环球易购、DX 已经成为俄罗斯在线购物者购买中国商品的主要销售商。

2. 消费习惯

①俄罗斯由于天气原因，营销季节性强。保暖用品帽子、围巾、手套是必备品，人们会在冬季来临前做好保暖用品的库存工作，也会尤为注重商品的保暖性能。

②家居服饰为热销品类，俄罗斯人在家会穿家居服、家居鞋，洗完澡会穿浴袍，睡觉的时候喜欢穿薄的睡衣。因此，卖家要了解俄罗斯人的生活习惯，深层次挖掘不同的家居用品。

③传统节日偏多。每逢俄罗斯重要传统的节假日，如元旦、圣诞节、洗礼节，俄罗斯人都会给家人、朋友们购买礼物。商家可针对不同的节假日，推出适合的礼品，满足消费者送礼的需求。

3. 品类选择

根据 AKIT 提供的数据显示，2020 年，俄罗斯消费者在海外网站上购买的品类及其比例分别为：服装和时装占比 31%，电子产品占比 27%，美容产品占比 7%，家具和设计占比 7%，配件占比 7%，体育用品占比 2%，食品占比 1%，其他占比 18%。

想一想

1. 欧洲的跨境电子商务市场规模大概是多少？主要的发展趋势有哪些？
2. 欧洲地区有哪些发展前景较好的品类？

3.3 亚太市场

亚太地区包括东南亚、日韩等地区。该地区相对北美和欧洲地区经济发展潜力巨大，经济增长速度较快。近年来，随着各国之间的贸易往来日渐频繁，网购也成为亚太地区居民日常使用的消费方式。亚太地区存在着较大的区域差异，也存在着巨大的发展潜力。

亚太地区是全球电子商务市场的主阵地，也是未来最有发展潜力的区域之一。随着亚太地区各个国家之间签署 RCEP 协定（包括中国、日本、韩国、澳大利亚、新西兰和东盟十国共 15 方成员），各国之间的关税将进一步减少。这有利于电子商务的发展，也将为高质量的区域协同发展带来更多的可能，有利于推动跨境电子商务的长远发展和物流业务的进一步完善。

一、韩国

1. 市场概况

截至 2021 年 3 月,韩国总人数约为 5200 万。据韩国统计厅数据显示,2020 年韩国零售行业线上购物的销售额已突破 1400 亿美元;2018 至 2020 年期间,线上购物每年的增幅均超过 16%,而大型商超、百货、便利店等线下购物模式近几年处于低迷的状态。由于物流便利,加之受疫情的影响,线上购物逐渐成为韩国消费者的主要购买渠道。据 Statista 2020 年一份调研报告数据显示,韩国的智能手机普及率已达到 95%,而剩下 5% 的人拥有非智能手机;目前全球的国家和地区中只有韩国成为全民拥有手机的国家,移动端购物已成为韩国主流购物方式。

在当前韩国电商市场中,以火箭配送出名的 Coupang、以搜索引擎出名的 Naver Smart Store 稳居第一梯队;老牌综合性平台 eBay Korea、以团购热门的 TMon 则居二线。除此之外,线上平台与线下百货一体的乐天、新世界百货备受高端消费人群的欢迎,建立在社交媒体基础上的新生购物平台 SNS mall 发展快速,以独立女装设计的品牌独立站深受年轻一代的喜爱。

韩国电商平台类型如图 3-5 所示。

图 3-5　韩国电商平台类型

2. 消费习惯

①韩国被认为是世界上 IT 基础设施的佼佼者。事实上,98% 以上的韩国家庭每天都上网,超过 85% 的韩国人拥有智能手机,大约 97% 的 18 至 24 岁的人经常使用他们的移动设备。此外,韩国是世界上使用信用卡最多的国家之一,他们的消费习惯也很高效。因此,该国的中上层阶级都是人脉广泛、见多识广的消费者,他们对高质量的奢侈品特别感兴趣。韩国人利用丰富的网络资源,专门花时间研究产品。他们主要通过社交媒体了解产品信息,以便在购买时获得充分的信息。

②韩国电商平台 eBay Korea 针对购买顾客进行的问卷调查结果显示,10 名消费者中有 8 名会选择线上购物。当被问及为什么选择网购时,超过一半的人(51%)选择了价格优惠,而选择商品多样化和品质优秀的比例各是 16% 和 15%。

3. 品类选择

根据韩国统计厅数据显示，2020年韩国线上网购市场热卖位居前四的品类及其销售额如下：食品及饮料，206 412.09亿韩元（1135.42亿人民币）；家用电器及电子通信设备，190 236.7亿韩元（1046.45亿人民币）；餐饮服务，181 680.15亿韩元（999.39亿人民币）；化妆品，130 340.86亿韩元（716.97亿人民币）。其中餐饮服务同期相比增幅最大，其后依次是食品及饮料、家用电器及电子通信设备、化妆品。

韩国零售行业各形态销售额对比和占比如图3-6所示。

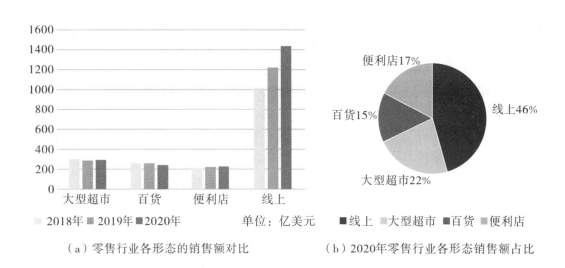

（a）零售行业各形态的销售额对比　　　（b）2020年零售行业各形态销售额占比

图3-6　韩国零售行业各形态销售额对比和占比

（数据来源：韩国统计厅）

二、日本

1. 市场概况

截至2020年年底，日本是全球第三大经济体，国民生产总值位居世界第三，互联网用户人数位居世界第六，互联网渗透率高达94%。2020年，日本线上零售额高达1150亿美元，不过线上零售额只占日本零售总额的10%，所以日本电商市场还有很大的发展空间。

日本电商市场排名前三的平台分别是乐天（Rakuten）、亚马逊和雅虎购物（Yahoo! Shopping）。这三家平台的交易量占到日本电商交易总量的1/3以上，活跃用户总数超过1亿人次。其中，乐天隶属于日本的乐天株式会社；产品类目丰富，拥有众多的忠实用户，是日本电商的头部平台；亚马逊日本站有11个FBA仓库和2个客服中心，拥有强大的物流服务和服务团队，电商体系非常完善；雅虎购物是日本本土十分常用的购物网站，除了有众多效果较好且价格低廉的药妆品牌，还有非常齐全的生活用品。

2. 消费习惯

①移动端购物成主流。日本最大的国内电子商务平台乐天的销售额中有65%来自移动端，其他主要电商平台如雅虎购物、千趣会等来自移动端的销售份额均为50%左右。

②日本民众网购能力强。调查显示，有83%的日本人在网上买过东西，其中60%的人每月至少网购一次。日本民众喜欢在网上购买玩具、DIY产品、家具及家电、食品及个人护理产品、电子产品、时尚用品等产品。

③日本消费者的购买行为受季节以及天气环境的影响。日本有很长的梅雨季节，他们喜欢购买雨靴、雨衣这些家中常备的用品。另外，日本是地震和台风多发的地区，对于应急灯、充电宝、蓄水袋等商品的需求很大。

3. 品类选择

2020年日本时尚品品类市场规模约为382.96亿美元，服装作为其中最大的细分市场，规模达183.2亿美元。此外，日本是一个极具生活仪式感的国家，电子、家居家装、厨房家电、食品酒水等日常生活中使用较多的品类在日本都占据不小的市场份额。

三、东南亚

1. 市场概况

根据中国移动研究院数据显示，2019年东南亚共有电子商务用户2.32亿人，较上年增加0.46亿人，同比增长24.73%；从收入规模上看，2019年东南亚电商收入规模为380亿美元，较上年增加120亿美元，同比增长46.15%。

目前在东南亚市场中发展较好的电商平台有Lazada和Shopee。这两者的区别是定位有些不同。Lazada主要面向高端消费群体，注重打造品牌店铺和产品，面向的消费者有一定的局限性；Shopee的定位与国内淘宝基本一致，消费者受众比较广，这样可以加大出单的概率，这也是许多商家将Shopee作为第一站的重要原因。

2. 消费习惯

①在东南亚地区，互联网的渗透跳过了PC阶段，直接进入移动设备阶段。因此，东南亚网民对手机等移动设备更为依赖，电商消费场景更趋碎片化。

②东南亚的人口结构相较其他地区更为年轻化，40岁以下的人口占到了总人口的70%，使用社交媒体购物的人数占比较高。

③东南亚民族文化丰富多样，部分地区宗教色彩浓厚。在东南亚，不同国家、不同民族消费者的信仰、文化甚至消费习惯等都有显著的差异。作为电商卖家，针对不同的民族节日要有不同的营销重点，并遵守相关的宗教文化禁忌。

3. 品类选择

据电商平台Shopee公布的新加坡、马来西亚、菲律宾等几大站点的前五名热销品类的排名榜（见图3-7）显示，女装、3C电子、母婴用品、家居用品、时尚饰品等是普遍热卖的产品。

图 3-7 东南亚市场消费者品类选择情况

想一想

1. 亚太地区的跨境电子商务市场规模大概是多少？主要的发展趋势有哪些？
2. 亚太地区有哪些发展前景较好的品类？

3.4 其他市场

其他市场是指除了北美、欧洲、亚太三大地区之外其他新兴的跨境电子商务海外市场，包括拉美、中东等市场。随着这些地区的商品贸易不断发展，电子商务市场不断扩大，人们逐渐养成了网购的习惯。这些都推动了跨境电子商务快速发展，未来发展潜力巨大。

一、拉美

根据艾媒数据显示，2020 年全球跨境电子商务 B2C 交易额将接近 1 万亿美元。亚太地区是全球跨境电子商务 B2C 发展最为强劲的地区；拉美、中东欧 / 中亚、中东 / 非洲等地区是跨境电子商务 B2C 发展的新兴市场。其中，拉美地区以超过 40% 的年均增速成为全球跨境电子商务 B2C 增长最快的地区。当地互联网普及程度、移动购物人群增加，正处于线上经济的高速发展期，消费者购物行为改变带动电商销售额增长。

拉美地区的电商平台有 B2W、Linio、Dafiti、Mercado Libre（美客多）等，其中知名度较高的是 Mercado Libre，该平台全球访问量位列第七，也是南美最大的 C2C 电子商务平台。

Mercado Libre 总部位于阿根廷，其电商业务覆盖巴西、阿根廷、墨西哥和智利等18个拉美国家。该平台于1999年成立，并于2007年在纳斯达克上市。据官方数据显示，目前 Mercado Libre 上的中国卖家仅有300家左右，只占全平台 GMV 的0.3%。物流清关是最大障碍，尤其是清关难，是目前阻碍中国卖家"垦荒"这一电商沃土的重要阻碍，但现在市面上已有一些物流服务商能够解决此类问题。对于商家来说，若能解决清关问题，拉美地区也可成为一个不错的市场选择。

二、中东

中东地区是"一带一路"的交汇地带，中东市场总人口为4.5亿，城市人口占比高达83%。其中，沙特人口为3000多万，阿联酋人口为850万，人均 GDP 高且消费能力强。从人口基数上来看，中东市场有很大的发展潜力。该地区多为沙漠地形，资源匮乏，许多商品依赖进口，购买需求旺盛。加之石油资源丰富，使得该地区人民生活普遍较为富裕，购买能力较强。另外，中东地区互联网较为普及，这些都为该地区的跨境网购奠定了基础。

中东地区的电商平台有亚马逊中东站（Souq）、Noon、MEIG、Wadi、Jollychic（执御）等。

三、非洲

非洲共有59个国家和地区，人口数量超过12亿，其中年轻人口约占70%，是庞大的潜在消费群体。非洲地区电商起步较晚，人民消费水平不高，市场竞争没有其他区域那么激烈。

目前非洲3G网络基本全面覆盖，4G到达核心区域，智能手机逐渐普及，移动钱包快速发展。伴随互联网的不断普及、人民收入的逐渐增加，未来非洲地区的消费也将有较大增长。

根据麦肯锡的报告，到2025年，随着越来越多的非洲人接触互联网，网上购物将占零售总额的10%（价值约750亿美元）。随着互联网的日益普及，电商网站在非洲迅速崛起，尼日利亚、肯尼亚和南非等国将处于这一演变的最前沿。

实训演练

任务背景

小丽是某跨境电子商务平台一家主营家用空气净化器、饮水机、净水器等电子保健设备类目店铺的卖家。店铺规模中等，处于稳定经营阶段。小丽的店铺开设在美国站点，近期需为店铺商品进行更新，上架一批新的产品。

请根据美国市场的特点，为店铺选择2~3个适合该店铺销售的新产品，并大致说出店铺选品后，后期产品上新的推广与库存管理该如何安排。

任务分析

网店的类目是消费电子产品,该店铺站点为美国,可以根据美国地区的消费者对电子产品的消费偏好,以及市场规模规划库存及营销内容。

任务实施

1. 通过搜索网站查询美国的文化特点、消费者喜好;
2. 在商品排行榜中查询上一年度、上半年、近期的热门商品与细分类别;
3. 查询趋势网站(谷歌趋势)对行业细分市场未来走势的预测;
4. 考虑当地未来一段时间的季节、节日等因素;
5. 综合以上信息,选出受欢迎、增长空间大的产品,作为店铺选品的参考。

本章练习

一、选择题

1. 对于中国跨境电子商务出口卖家来说是第一大目标市场的是(　　)。
   A. 欧洲市场　　　　　B. 北美市场
   C. 亚洲市场　　　　　D. 拉美市场

2. 在加拿大电商市场中处于主导地位的电商平台是(　　)。
   A. 亚马逊　　　　　　B. 沃尔玛
   C. 好市多　　　　　　D. Wish

3. (　　)是欧洲第一大电子商务市场,其规模在世界范围内仅次于中国和美国。
   A. 德国　　　　　　　B. 意大利
   C. 法国　　　　　　　D. 英国

4. 法国本地的电子商务公司是(　　)。
   A. Cdiscount　　　　 B. 亚马逊
   C. 全球速卖通　　　　D. 虾皮

5. 日本电商的头部平台是(　　)。
   A. 亿贝　　　　　　　B. 雅虎购物
   C. 乐天　　　　　　　D. 千趣会

二、简答题

1. 一家主营日化类的店铺,从事跨境电子商务时可选的市场有哪些?有什么运营和推广建议?

2. 目前在东南亚市场中发展较好的电商平台有 Lazada 和 Shopee,请分析两者的不同。

第4章
跨境电子商务选品

```
                                          ┌─ 跨境电子商务选品特征
                    ┌─ 认识跨境电子商务选品 ─┤
                    │                     └─ 跨境电子商务选品原则
                    │
                    │                     ┌─ 跨境电子商务平台选品
跨境电子商务选品 ───┼─ 跨境电子商务选品方法 ─┤
                    │                     └─ 第三方工具选品
                    │
                    │                     ┌─ 跨境电子商务采购含义
                    └─ 跨境电子商务采购 ───┤
                                          └─ 跨境电子商务采购模式
```

学习目标

【知识目标】

1. 简述跨境电子商务选品的特征和原则。
2. 简述不同跨境电子商务平台选品的方法。
3. 简述跨境电子商务采购的含义和模式。

【技能目标】

1. 能在跨境电子商务平台上选品。
2. 能使用第三方工具选品。

【思政目标】

在选品中树立诚信的社会主义核心价值观

引导案例

跨境选品专员 Lucy 的选品工作（节选）

Lucy 是一家跨境公司的选品专员，她所在的公司已经在亚马逊上开设了自己的跨境店铺。最近公司又打算在其他跨境商城上开一家家居电器店铺。对于应该卖什么样的商品，Lucy 开始了她的选品工作。

她通过热销榜单，找到了小电器销量排名第一位的产品。这是一款电动的美容仪，价格是 17.95 美元，有黑色和粉色两个不同的颜色。从 Listing 来看，该产品已经获得了 8700 多个评价，且亚马逊评分为 4.8 分，属于评分较高的产品。

首先，Lucy 用数据工具监测发现，这款产品已经卖了 1000 多天，排名比较稳定，基本上在 30 名以内。这款产品在家居大类目的排名是第 13 名，在美容仪小类目的排名是第 1 名。另外，该产品每日销售额平均为 390 单，高销量足以支撑以上排名。

其次，Lucy 还用搜索引擎工具查询这款产品所对应关键词的搜索量数据情况，由搜索情况可以看出该产品的市场容量。这款产品标题的关键词月平均搜索量超过了 80 000 人次，而与这款产品相关联的关键词搜索量每个月超过 60 万人次。因此，可以判定该产品的市场需求庞大。

最后，Lucy 还需要计算这款产品的利润。Lucy 通过从阿里巴巴上查看类似的产品采购价来估算这款产品的利润。根据阿里巴巴货源报价数据大概预测，该产品的成本价在 20 元人民币左右，折合美金为 3.15 美元。接着，结合亚马逊物流收益计算器，Lucy 评估该产品的利润在 40% 以上，每一单的利润为 7.3 美元。

结合案例，思考并回答以下问题：

（1）你能看出 Lucy 在选品时遵循了哪些原则吗？
（2）你认为选品对于跨境电子商务的意义是什么？

4.1 认识跨境电子商务选品

一、跨境电子商务选品特征

选品是电子商务运营工作的一个很重要的环节。由于跨境电子商务具有"关、检、汇、税"的特殊环节,并且流通成本比较高,因此不是所有的商品都适合出口。适合跨境电子商务出口的商品具有以下特征:

(1)小而轻:体积小、重量轻的商品(如硬盘、假发)不仅方便运输,而且可以有效地减少国际物流运输成本。

(2)有特色:商品在外观、性能、材质、功效等方面具有独特优势,就会刺激消费者的购买欲望,吸引消费者的关注,例如畅销海外的老干妈等。

(3)比线下售价更低:消费者在购买商品时大多还是会基于性价比,如果销售的商品比线下销售的更贵,消费者往往会放弃这一购买渠道。

(4)售后返修率低:跨境电子商务销售的商品如果出现返修等售后问题,会极大地增加物流和人工成本,所以返修率高的商品不适合跨境电子商务出口。

二、跨境电子商务选品原则

跨境电子商务选品需要遵守以下几项原则:

1. 需求导向原则

在跨境电子商务选品中,需求导向体现为选择符合市场需求的商品。企业只有以市场需求为导向,选择能够吸引消费者购买的产品,才能促成交易,从而获得盈利。因此,在选品中,研究市场需求是一项主要的工作,研究市场需求包括目标客户研究、同类商品研究、产品调研等多个环节,这些工作都是在帮助商家更好地了解客户需求,从而使商家根据客户需求进行选品,大大提高营销的精确度。

例如,2020年全球各地暴发了新冠疫情,世界各国对口罩、消毒液等与疫情防控相关的物资的需求剧增,商家可以抓住这一机遇,在符合法律法规的情况下进行跨境营销,这将会是一个巨大的商机。另外,明确市场发展需求需要有一定的指向性,如季节性需求、区域性需求等。例如,每年夏季,北半球市场上适合销售风扇等制冷设备,南半球市场则适合销售取暖器等制热设备。

2. 高质量原则

国家相关部门每年都会对跨境商品进行抽检,商品质量差、欺骗消费者的商家会受到相应的处罚。跨境商品出现的安全隐患、质量问题,都会降低用户的安全感和信任度，也会使正在观望的潜在用户望而却步，这都会对跨境电子商务的可持续发展造成不良影响。因此，跨境电子商务商家在选品时，应该坚持高质量原则，严格把控产品质量，从选品源头杜绝质量问题，这样才能树立良好的企业形象，赢得更多消费者的信赖。确保高质量不仅是商家的责任，也是跨境电子商务平台的责任。平台与商家联手才能创造良好的跨境电子商务营销环境。

例如亚马逊日本站，我国跨境卖家选品时需要完成一系列的认证，包括PSE认证（指定的特殊电气用品及材料类产品认证，强制性认证）、TELEC认证（无线电设备认证，强制性认证）、PSC认证（消费生活用品安全认证，部分强制）等。亚马逊日本站的这些认证都是为了能确保产品的质量，保障消费者的合法权益。

3. 性价比原则

在跨境电子商务涉及的产品中，除了一些奢侈品，大部分都是人们的日常用品。参与跨境电子商务的消费者，在很大程度上是被产品的性能和质量吸引，这就是性价比。此外，由于新冠疫情，国外的失业率有所提高，这时候一些性价比高的产品就会取代定价较高的产品成为消费者的选择。

4.2　跨境电子商务选品方法

选品的核心是选择符合目标市场需求的商品，并且凸显竞争优势。因此，跨境电子商务企业首先需要了解不同的目标市场，了解不同销售平台的特色，选择出适合的产品。常见的选品方法有2种：平台选品和数据工具选品。

一、跨境电子商务平台选品

把跨境电子商务平台作为选品平台，确定热销产品，是目前最常见的选品方法。在平台选品中，可以采用类目选品法、榜单选品法和关键词选品法。这里以新蛋商城、亚马逊和亿贝为例。

1. 新蛋商城选品——类目选品法

平台的类目导航是企业选品的一个重要渠道。新蛋商城平台能够导航到每个三级类目下。据检索结果页面显示，产品的热销排序和关键词搜索界面的排序大致相同，所以类目浏览的流量越大，转化就越高。因此，选品可以更有针对性地根据一些热销的三级类目进行。具体操作如下：

①登录新蛋商城，选择目标类目，如图4-1所示。

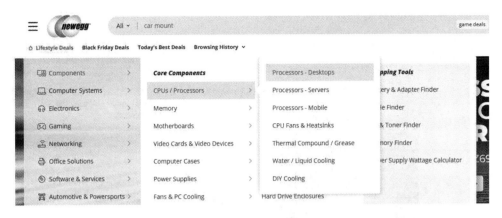

图 4-1 新蛋商城目标类目选择

②选择要找的产品，这里以数码配件 CPU 为例，产品列表如图 4-2 所示。

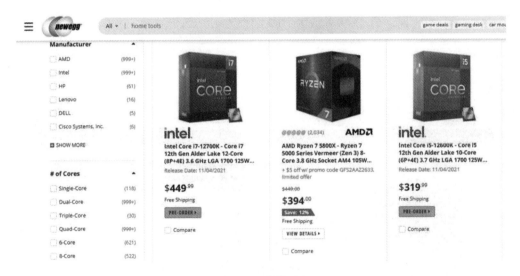

图 4-2 产品列表

③按条件筛选时按照"Best Selling"（最畅销）、"Best Rating"（最佳评分）、"Most Reviews"（最多评价）排序，筛选产品，如图 4-3 所示。

图 4-3 选择筛选条件

④通过筛选可以获得销量最多，等级、评分最高的产品，如图4-4所示。

图4-4　最畅销产品

⑤筛选出最佳评分产品，也是最多评价产品，如图4-5所示。

图4-5　最佳评分产品

重复这些步骤，在多个类目中找到最佳的产品。也可以更换类目，在其他细分市场选品。

2. 亚马逊选品——榜单选品法

登录亚马逊热销页面，可以通过查看5项榜单进行选品。

① Best Sellers（销售排行榜单）。

亚马逊的销售排行榜单（见图4-6）上列出了各个品类下的热销产品，亚马逊会根据产品的实时销售情况和历史销售情况进行排名，一个小时就会更新一次。

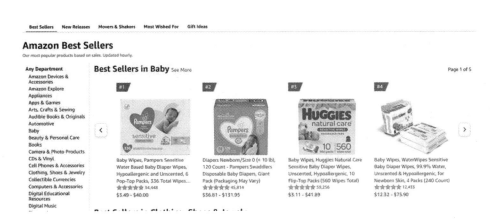

图 4-6　亚马逊销售排行榜单

通过查看销售排行榜单，商家可以查看与自家商品隶属于同一类目的商品的销售情况，查看销售排行榜单上值得学习的出彩部分。

② Hot New Releases（新品排行榜单）。

新品排行榜单（见图 4-7）指的是最新发布的商品的热卖榜单。

图 4-7　亚马逊新品排行榜单

大部分上升比较快的商品都会显示上架时间，商家可以根据上架时间及评价、排名判断是否可以开发同类型的商品。

③ Movers & Shakers（飙升排行榜单）。

飙升排行榜单（见图 4-8）显示 24 小时内排名上升最快的商品。这里显示的商品都是有爆款潜力的商品。

图 4-8　亚马逊飙升排行榜单

④ Most Wished For（心愿单排行榜单）。

心愿单排行榜单（见图 4-9）指的是消费者想买的商品排名榜单。消费者把某商品加入愿望清单后，当该商品降价时，亚马逊会自动通过邮件提醒消费者购买。对于商家来说，如果有商品被消费者加入愿望清单，并且被添加的次数较多，该商品就会进入心愿单排行榜单。一旦商家降低价格，亚马逊就会自动为商家进行宣传，促进商品的销售。另外，愿望清单也表示商品的关注度，商家查看愿望清单，如果能提供性价比更高的同类商品，也会获得很多的商机。

图 4-9　亚马逊心愿单排行榜单

⑤ Gift Ideas（礼物选择排行榜单）。

礼物选择排行榜单（见图 4-10）是指消费者为了防止错过某个重要的节日或者忘记给某人买生日礼物，可以在节日来临时提前购买礼物，礼物会被商家包装好发送给收礼物的人，而账单则会单独发送到付款地址。在节日促销选品中，在这里参考选品是不错的方法。

图 4-10　亚马逊礼物选择排行榜单

3. 亿贝选品——WatchCount 选品

通过 WatchCount.com，可以在亿贝网站上找到最畅销的商品，观察这些商品在亿贝上的销售情况，找到目标类目畅销品。具体操作如下：

①进入 WatchCount.com 主页，如图 4-11 所示。

图 4-11　WatchCount.com 主页

②在搜索栏输入关键词，如图 4-12 所示。

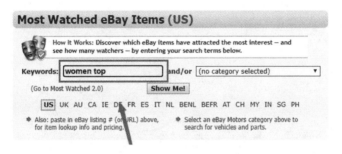

图 4-12　在搜索栏输入关键词

③查看相关商品的浏览量。

在搜索结果页面中，可以查看与关键词相关的商品的浏览量，如图 4-13 所示。

图 4-13　查看与关键词相关的商品的浏览量

浏览量越大，说明消费者的关注度越高。商家通过查看这些在亿贝上消费者关注度高的产品，可以知道选哪些商品可以获得较大的收益。商家还可以尝试用不同的关键词，以找到最适合的利基商品。

二、第三方工具选品

在大数据发展的背景下,数据越来越多地被企业用于跨境电子商务选品之中。通过数据工具可以收集产品的信息,分析产品的销售趋势,了解目标市场的潜力。

在第三方工具中,Google Trends(谷歌指数)工具可以帮助商家分析品类的周期性特点,把握产品开发先机;关键词跟踪工具能够发现品类搜索热度和品类关键词,同时借助卖家精灵工具,查看目标产品的市场数据。

1.Google Trends(谷歌指数)

谷歌指数是一个搜索量统计工具,利用它可查看世界各地的产品搜索趋势。它是谷歌基于搜索数据推出的一款分析工具,通过分析谷歌搜索引擎每天数十亿的搜索数据,告诉用户某一关键词或者话题在各个时期下在谷歌搜索引擎中展示的频率及其相关统计数据。

商家可以通过这些搜索数据了解目标市场、潜在客户以及未来的营销方向等相关信息。例如,输入关键词"swimwear"(泳装)进行搜索,可以看到该产品自 2020 年 12 月以来的热度趋势,如图 4-14 所示。

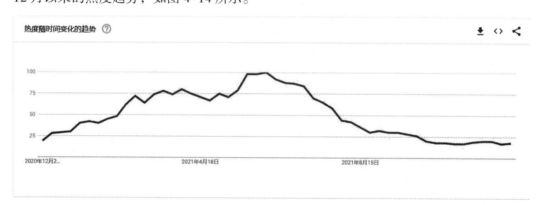

图 4-14 泳装数据趋势

如果产品曲线存在较大的波动,则说明该产品有明显的淡季和旺季,属于季节性产品,进入这种类目有很大的风险,有经验的卖家可以尝试,无经验的卖家不建议尝试。

在搜索结果页面还可以看到该关键词在不同国家的热度情况,如图 4-15 所示。关键词排名前列的这些国家,消费者对该类商品的关注度较高,有庞大的市场潜力。

图 4-15 关键词在不同国家的热度情况

此外，卖家还可以通过谷歌指数提供的相关查询，进一步了解关联的商品关键词的热度，如图 4-16 所示。

图 4-16　相关主题关键词的热度

2.KeywordSpy（关键词跟踪工具）

KeywordSpy 目前在美国、英国、澳大利亚和加拿大运营，是一款关键词数据查询工具。通过 KeywordSpy 软件，商家可以进行高级关键字研究和关键字跟踪，了解竞争对手在广告系列和其他 PPC（pay per click，按点击付费）广告系列中宣传的内容，以不断优化自己的关键字列表。

以 charger（充电器）为例，选择美国为分析市场，查询条件选择"Keywords"，如图 4-17 所示。搜索结果表明，在美国市场，charger 当前搜索量达到约 11 100 000 人次，市场热度较高。搜索量最大的几个关键词是 charger 的主关键词，如"1974 dodge charger""new charger""new dodge charger"等，而其他关键词可以作为长尾关键词。这些关键词用于目标产品搜索、产品信息加工中的命名及描述中，优化 Listing（产品页面，包括产品的标题、产品的评价、产品的介绍、相关产品、QA 问答等），会大大提升 SEO（search engine optimization，搜索引擎优化）的优化水平。

3. 卖家精灵

卖家精灵是一款亚马逊数据分析工具。它帮助卖家进行市场分析、选品到 Listing 优化推广，提供全流程的卖家工具集。

在选品中，商家可以使用卖家精灵中的选品精灵工具。选品精灵工具基于销量增长率、评论增长数等创新性选品条件，帮助商家更直观地了解一款产品。商家可以先使用市场分析工具初步筛选出类目，再使用选品工具筛选具体产品；也可以先使用选品工具选出产品，再使用市场分析工具进行市场分析。商家可以基于自己的实际情况调整或细化条件参数。

例如，某商家设置参考搜索条件为：月销量大于 300，增长率大于 10%，上架时间为近 6 个月，Home & Kitchen 类目，如图 4-18 所示。

图4-17 关键词搜索

图4-18 搜索条件设置

在筛选结果页面就可以得到各个产品的销售数据，可以查看每款产品的BSR（best seller rank，热销卖家排行榜）排名、价格、评论数和Q&A数、评分、销量趋势、月销量增长率、上架时间、配送方式等信息，如图4-19所示。

图4-19 筛选结果示例

卖家精灵选品工具的最大优势在于依靠庞大的亚马逊数据背景，商家可以从市场、类目、营销等多个方面实现数据选品。

4.3 跨境电子商务采购

选品结束后，下一步就是找到好的供应商货源，这就是采购。在全球市场的背景下，消费者对产品的需求逐渐向个性化、多样化方向转变，跨境电子商务企业要想在全球市场中占有一席之地，需要改变以往的采购策略，加强采购策略管理，以适应当前的全球市场形势。

一、跨境电子商务采购含义

跨境电子商务采购是指在跨境电子商务环境下，借助一定的手段从资源市场获取资源的整个过程，通常是企业购买货物与服务的行为。这是企业经济活动的一个重要的环节。跨境电子商务采购具体指利用信息通信技术，以网络为平台与供应商建立联系，并获得某种特定产品或服务。

二、跨境电子商务采购模式

常见的跨境电子商务采购链中主要包括采购商和各类供货商。采购商制定好采购计划后，就会与供货商联系，供货商根据采购合同和采购订单提供商品。采购商与供货商建立联系，可以是自己寻找供货商，也可以是通过采购平台寻找供货商。

1. 供货商采购模式

常见的供货商采购模式有品牌方授权代理、经销商采购、工厂直采等。

①品牌方授权代理。

在这里，品牌方指对一个品牌具有使用权的法人；代理一般指商务代理。商务代理是指代理人受企业的委托，在一定的区域和处所内，在一定的代理权限下，以企业的名义代替企业行使经济行为（包括销售商品及其他行为），其法律后果直接归属于企业。商务代理按照不同的方法有不同的分类。根据委托人给予代理人的权限，商务代理可以分为独家代理、一般代理和总代理等。

品牌方授权代理是跨境电子商务企业从拥有品牌版权的公司获得授权，成为其代理商，按合同规定，以跨境电子商务团队代为运作线上市场。品牌方授权代理是跨境电子商务产业链上避免假货的一个有效途径。

②经销商采购。

经销商就是在某一区域和领域只拥有销售或服务的单位或个人。经销商具有独立的经营机构，拥有商品的所有权（买断制造商的产品/服务），获得经营利润。经销商在经营活动过程中不受或很少受供货商的限制，与供货商责权对等。

经销商采购是指跨境电子商务企业从国外品牌经销商或代理商处获取优质货源，或者从国内采购，再跨境出口，然后进行线上经营。跨境电子商务企业直接获得品牌方的授权难度较大，因此与国外品牌经销商或代理商取得合作是切实可行的途径。国外品牌经销商或代理商在保证本国货物供给充足的情况下，会分拨货物给跨境电子商务企业。

③工厂直采。

工厂直采是指直接向生产商品的工厂采购。这种模式能减少商品的周转环节。通常，商品从生产商到销售商之间还有各种代理商和批发商，这些环节的存在会增加商品流通的时间，造成大量的库存和周转运输成本增加，而工厂直采模式可以避免这些弊端，但这种模式可能会占用大量流动资金，对企业资金周转带来压力。

2. 采购平台采购模式

境外采购、入驻保税仓门槛较高，使得规模较小的电子商务企业虽然想发展跨境电子商务，但受自身渠道、资源等的限制，难以开展跨境采购业务。采购平台通过搭建供应商平台来整合采购商家信息，促进供货商和采购商的高效对接，给采购企业提供综合性的采购服务，为中小型采购企业打消上述顾虑。

采购平台采购模式通常适用于中小型电子商务企业，这些企业可以在采购平台上获得零库存、零成本的供应链支持，将跨境贸易的风险降到最低。

阅读材料

1688 跨境专供

1688 跨境专供（见图 4-20）服务的对象主要是在全球速卖通、亚马逊、Wish 等跨境电子商务平台上开店的中小型商家，为跨境电子商务卖家提供优质的供应链资源。目前 1688 跨境专供供货的产品主要有服装配饰、家纺家饰、数码家电和运动户外等类目，同时帮助专注于外贸货源的供应商拓展销售渠道。

图 4-20　1688 跨境专供

1688跨境专供主要有以下功能：

1. 金牌供应商

1688跨境专供会筛选出20大行业综合实力Top供应商，这些供应商将成为跨境金牌供应商。

2. 海外代发

1688跨境专供海外代发专场支持线上下单、代发海外，彻底打通了烦琐的产品发布流程，打通了1688跨境专供与跨境电子商务第三方平台之间的壁垒。例如1688跨境专供与老牌ERP服务商——马帮ERP合作，推出1688跨境专供货源一键刊登多平台功能，马帮ERP以SaaS切入，服务跨境电子商务出口卖家，为卖家接入海外电子商务平台、优化产品选择、降低物流成本、扩展销售渠道。1688跨境专供利用与全球电子商务平台的对接，帮助跨境电子商务卖家实现一站式、跨平台、多店铺的管理。

3. 全球工厂

1688跨境专供助力跨境出海，甄选实力工厂，从自有品牌、自营进出口、ODM代工、自有专利不同方向为跨境电子商务卖家展示优质生产厂家。

实训演练

任务背景

小明是一家亚马逊跨境电子商务公司的选品专员。该公司主要销售礼品类商品，主要销售市场为美国、英国、德国、法国。在圣诞节来临之际，该公司开始筹划圣诞节促销活动。作为一名选品专员，小明需要为此次活动进行选品，制定选品方案。

任务分析

节日促销活动的选品需要考虑节日特点、目标消费者、目标市场、竞争对手等多个要素，小明根据所学的三项选品原则，使用跨境电子商务平台选品和第三方工具选品两种方法进行选品。

任务实施

步骤1：明确选品原则。

步骤2：跨境电子商务平台选品。收集亚马逊、全球速卖通、亿贝三家大型跨境电子商务平台的数据，找出平台中最热门、销量最好的商品。

步骤3：第三方工具选品。使用Google Trends、KeywordSpy，搜索商品关键词，确定关键词组和目标市场国家。

步骤4：整理收集到的数据，确定活动商品，列出商品组，使用卖家精灵选品工具，收集商品组中每个商品的销量、评价、价格等信息，确定最终商品。

步骤5：撰写选品方案。

本章练习

一、选择题

1. 属于跨境电子商务选品原则的是（ ）。
   A. 价格低原则　　　　　　B. 低质量原则
   C. 性价比原则　　　　　　D. 低消费原则

2. （ ）是指在跨境电子商务环境下，借助一定的手段从资源市场获取资源的整个过程。
   A. 跨境电子商务采购　　　B. 跨境电子商务选购
   C. 跨境电子商务选品　　　D. 跨境电子商务销售

3. 下列选项中，属于跨境电子商务选品特性的是（ ）。
   A. 小而重　　　　　　　　B. 特色商品
   C. 性价比低　　　　　　　D. 售后有保障

4. （ ）显示 24 小时内排名上升最快的产品。这里显示的商品都是有爆款潜力的商品。
   A. 销量排行榜单　　　　　B. 新品排行榜单
   C. 价格排行榜单　　　　　D. 飙升排行榜单

5. 国家相关部门每年都会对跨境商品进行抽检，商品质量差、欺骗消费者的商家会受到相应的处罚。这是跨境电子商务选品的（ ）。
   A. 需求导向原则　　　　　B. 高质量原则
   C. 性价比原则　　　　　　D. 高利润原则

二、简答题

1. 请简述 KeywordSpy 目前在哪些国家运行。
2. 请简述跨境电子商务选品原则。

第 5 章
跨境电子商务店铺运营

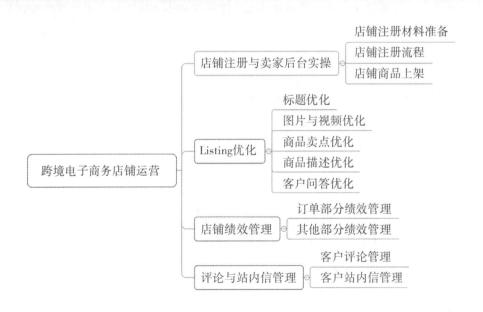

学习目标

【知识目标】

1. 能了解热门跨境电子商务平台入驻的条件。
2. 能简述 Listing 优化的内容和技巧。
3. 能简述店铺各项评分指标的含义和计算公式。
4. 能简述评论与站内信管理的内容。

【技能目标】

1. 能掌握店铺注册的流程。
2. 能掌握商品上架的操作步骤。
3. 能掌握商品 Listing 优化的具体方法。
4. 能掌握店铺绩效管理的方法。
5. 能掌握客户评论管理的方法。
6. 能掌握客户站内信管理的方法。

【思政目标】

1. 坚持遵守跨境电子商务平台规则,做到绝不虚假宣传。
2. 坚持以保障自身产品品质和提高客户服务为原则,合法合规优化店铺商品页面。

引导案例

亚马逊"封号潮"事件

2021 年 5 月,亚马逊开始了最严格的"封号潮"。据亚马逊方面表示,本轮封号大都因卖家"使用评论功能不当""向消费者索取虚假评论""通过礼品卡操纵评论"等违规行为引起。以深圳一家外贸公司为例。在 2021 年 5 月接到亚马逊的第一封邮件后,该公司迫于资金周转压力缩减了一半的办公场地和三分之二的办公人员。同时此次"封号潮"导致该公司 90% 的店铺和账号被陆续关闭,30 个品牌被波及,600 多款产品被下架,总冻结金额达 8520 万元,被封货款达 1.4 亿元,每月营收也从 4 亿元暴跌至 5000 万元。

开启此次"封号潮",亚马逊给出的原因是"测评"(卖家以利益诱惑买家留下好评(见图 5-1))。实际上,亚马逊早在 5 年之前就明文禁止这种行为,但一直以来,卖家们对此并不在意。相比之前的零星封号,这次的"封号潮"更为严格,曾出售过涉嫌违规测评产品的关联账户全部被封。

结合案例,思考并回答以下问题:

(1)"向消费者索取虚假评论"等店铺违规行为可能带来哪些负面影响?

(2)这次"封号潮"事件能为卖家带来哪些思考?

图 5-1 违规测评

5.1 店铺注册与卖家后台实操

店铺注册是跨境电子商务卖家入驻平台的第一步。卖家首先要准备充分的店铺注册材料，快速通过平台的审核。店铺注册的内容包括：

一、店铺注册材料准备

选择跨境电子商务平台注册店铺是卖家正式进入该领域销售的第一步。在注册之前，卖家要充分了解要准备的材料。不同跨境电子商务平台的要求不同，这里以亚马逊、新蛋和亿贝为例，详细介绍注册店铺需要准备的材料。

（一）亚马逊店铺注册要求

1. 资质要求

首先，卖家必须具备企业资质，即卖家是在中国大陆注册的企业，且具备销售相应商品的资质；其次，个体工商户不能入驻亚马逊；再次，卖家必须能够为客户开具发票；最后，卖家必须具备将商品配送至全国的能力。

2. 材料要求

选择在亚马逊平台注册店铺，需要准备以下材料：
（1）完整高清的公司营业执照彩色照片或扫描件；
（2）法人身份证正反面的彩色照片；
（3）付款信用卡，要开通销售国币种支付功能，可以选择 VISA 等信用卡；
（4）收款账号（海外银行账户或第三方收款账户）；
（5）联系方式，联系人的电子邮箱和电话（最好是法人的电话）、公司的地址及公司的电话。

(二) 新蛋店铺注册要求

1. 资质要求

选择在新蛋平台注册店铺，必须具备以下条件：

（1）入驻新蛋的卖家只能是企业，且具备销售相应商品的资质，全品类均可入驻，个体工商户无法申请入驻新蛋。

（2）卖家需要具备48小时内完成发货和向消费者提供30天内无条件退换货的能力。

（3）制造商或品牌商类型的卖家，应拥有能够操作自家账户的电子商务运营团队，或聘请了专门的客户经理来操作账户；经销商类型的卖家，应在其他电子商务平台拥有自己的店面，具备一定的电子商务运营经验。

2. 材料要求

（1）营业执照，即卖家在中国大陆或在香港特别行政区的企业营业执照。品牌商入驻需要分情况提供相关证明：如果是自主品牌，则只需要提供品牌证书；如果是代理品牌，则需要提供品牌证书和代理授权书；如果是企业法人品牌，则需要提供品牌证书和法人代表身份证复印件。

（2）W-8表格。卖家需按照网站要求填写完整的W-8表格。此表格是申请材料中的重要一项，填妥此项表格才可收取美国汇款。

（3）付款信用卡（开通了双币或者多币支付功能）和收款账号（海外银行账户或第三方收款账户）。

（4）财务信息证明文件。卖家如果使用PayPal或者wiretransfer（银行电汇），则需要提供银行开户许可证或基本存款账户信息、银行信息证明等（三者必须为同一银行）；卖家如果使用第三方收款服务，则需要提供第三方收款服务账号信息截图及对应第三方收款银行证明信）。

（5）签署完成的产品品质承诺函。

(三) 亿贝店铺注册要求

选择在亿贝平台注册店铺，企业卖家和个人卖家的要求不一致，其中：

（1）企业卖家注册店铺账户，需要提供和亿贝账户企业名称、地区和省份等信息一致的营业执照，以及和营业执照上法人代表一致的身份证明。另外，还需要提供公司地址证明，包括但不限于公司的水电煤气账单、房屋所有权证、电话账单、银行账户月结单（此项仅限香港地区）。需要注意的是，所有资料都必须是彩色的证件，如果是黑白文件，还需要加盖彩色的公章（这些材料发送部门的彩色公章）。

（2）个人卖家注册店铺账户，只需注册并认证一个亿贝账号，便可以在亿贝的所有站点销售商品。认证需要准备个人身份证资料、个人近照、地址证明等资料。其中地址证明要和亿贝账号的注册地址保持一致。

此外，企业卖家和个人卖家都还需要补充以下几项材料：

（1）付款信用卡，且需开通销售国币种支付功能。例如开通在美国销售的站点，则需开通信用卡的美金支付功能（一般选择 VISA 信用卡）。

（2）收款账户。目前亿贝仅支持绑定已经通过亿贝卖家账号认证的 PayPal 账户收款。

（3）联系方式，其中手机号建议选择法人或者本人的手机号码，邮箱建议选择 Gmail、163 等国际通用的邮箱，以确保顺利接收来自亿贝及海外买家的邮件。

想一想

各大跨境电子商务平台为了提高中国卖家的入驻率纷纷推出新店扶持政策，请选取一个跨境电子商务平台，查找资料整理该平台针对中国卖家的新店扶持政策。

二、店铺注册流程

在准备好上述材料之后，卖家就可以进行店铺注册了。入驻大部分跨境电子商务平台，卖家都需要登录其官方网站，发出入驻申请，然后根据后续要求进行注册登记。下面以入驻新蛋平台为例，来详细讲解跨境电子商务店铺注册的流程。表 5-1 所示为开店注册流程。

表 5-1　开店注册流程

流程	内容	负责人
材料准备	1. 卖家向账户经理提供入驻资料： （1）公司营业执照扫描件或者照片； （2）填写完整的 W-8 表格； （3）付款信用卡和收款账号； （4）财务信息证明文件。 2. 签署完成的产品品质承诺函。 3. 如果入驻资料通过审核，账户经理通过电子邮件向卖家发出入驻邀请	账户经理
第 1 天	卖家填写财务信息、厂商信息及卖家物流信息	卖家服务团队
第 2 天	开始审核卖家第三方收款服务资料	卖家服务团队
第 3 天	开始审核卖家银行资料及其他资料	卖家服务团队
第 4 天	完成相关资料审核	卖家服务团队
第 5 天	卖家店铺通过审核，激活账号	卖家服务团队
店铺激活	卖家上传商品，正式开始销售	账户经理

具体注册流程如下：

第一步，申请入驻。

卖家进入新蛋官网，提交入驻申请。新蛋入驻申请界面如图 5-2 所示。新蛋跨国开店中国团队账户经理在收到卖家的申请后，会通过沟通以及审核卖家提供的相关资料等方式，对卖家的基本情况进行审核。如果卖家达到了新蛋的入驻标准，账户经理将向卖家发送入驻邀请邮件。

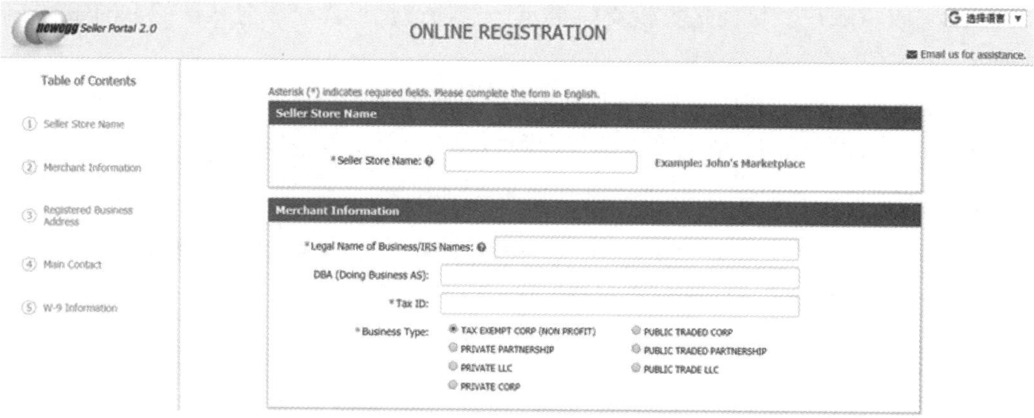

图 5-2 新蛋入驻申请界面

第二步，注册账户。

卖家在收到邀请邮件后，按照邮件中的注册链接进入卖家管理系统 Seller Portal，提供其基本账户信息，上传营业执照和 W-8 表格等资料，完成账户注册流程。卖家注册新蛋账户如图 5-3 所示。

图 5-3 卖家注册新蛋账户

第三步，填写收款信息。

完成基本信息填写后，卖家要确定其收款方式，完善收款信息。卖家账户财务信息设置如图 5-4 所示。

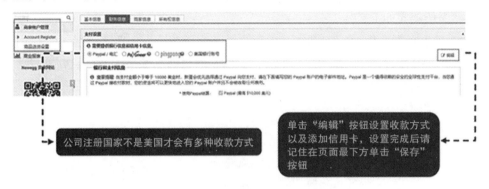

图 5-4　卖家账户财务信息设置

第四步，设置配送信息。

卖家需设定商品的跨境配送方式，卖家可以选择跨境直邮、使用海外仓跨境配送方式，或选择使用由新蛋提供的 SBN（shipped by Newegg）物流服务。配送信息设置如图 5-5 所示。

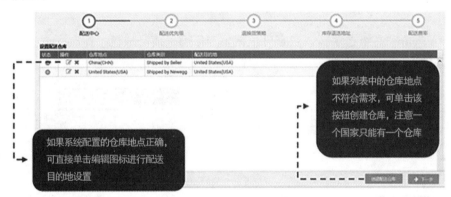

5-5　配送信息设置

第五步，激活账户。

新蛋卖家服务团队会对卖家填写的信息进行全面审核，审核通过后卖家的店铺将会被正式激活，卖家便可以在商城开始销售商品。

第六步，创建产品。

卖家创建商品，新蛋会在 1 个工作日内完成商品审核。

三、店铺商品上架

店铺注册完成后，卖家便可以上架准备销售的商品。在上架商品前，卖家要仔细阅读平台禁止卖家销售的商品类目，避免商品上架不成功或者违反平台的相关规定。

（一）上架平台已有商品

新蛋允许卖家在平台销售已经创建好的商品，前提是卖家要确认拥有该商品的经营销售权,同时卖家还要保证欲销售商品的所有信息与已经创建好的商品的所有信息完全一致。卖家销售已经创建好的商品,可以对商品重量、价格、库存、运费计算方式以及产品状态等信息进行更新,但是对产品描述这类信息无法进行更新。

具体操作步骤如下:

(1)进入新蛋 Seller Portal 界面,在导航栏里选择"商品管理",然后单击"商品列表"。卖家可通过商家商品编号、厂商产品编号、新蛋商品编号或商品标题进行搜索,如图 5-6 所示。

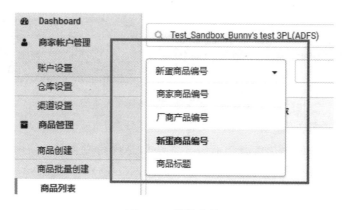

图 5-6 搜索商品

(2)单击"高级选项",卖家可根据生产厂商、商品成色、库存、创建日期进行过滤,如图 5-7 所示。

图 5-7 筛选商品

(3)卖家从搜索结果中找到想要销售的产品后,单击编辑图标可以打开商品详细信息页面,如图 5-8 所示。

图 5-8 单击编辑图标以编辑商品信息

（4）卖家可以更改标题、制造商、制造商部件编号、UPC、物料包装尺寸或重量、库存管理类型、厂商建议零售价和原产国等信息，然后单击"保存"按钮使更改生效。如果商家商品编号不能编辑，卖家需返回项目列表结果页面，单击"×"图标先删除该商品（见图5-9），然后用新的商家商品编号创建另一个商品。另外，当新蛋仓库仍有库存时，不能删除该商品。

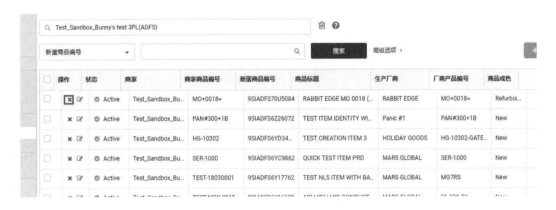

图5-9　单击"×"图标删除商品

（二）创建新商品

如果卖家没有从现有商品列表中找到想要销售的商品，可以在新蛋列出的类目下创建新商品。在创建新商品之前，卖家需要检查所使用的生产厂商是否存在。

具体操作步骤如下：

（1）进入新蛋 Seller Portal 界面，在导航栏里选择"商品管理"，然后单击"商品创建"，在"新建商品"页面（见图5-10）填写商品相关信息。注意：有"*"标记的数据字段是必填的，而其他字段不是必填的。

图5-10　"新建商品"页面

商品信息可根据表5-2进行填写。

表 5-2 商品信息填写要求表

序号	类别	要求
1	商品成色	全新（默认）或返修商品
2	商品标题	将显示在系统网站和运输相关文件上的产品说明处，允许的最大字符数是 200 个
3	制造商	从现有列表中选择制造商的名称，或者可以创建自己的名称
4	商家商品编号	在数据库中输入"SKU #"，允许的最大字符数是 40 个
5	厂商产品编号	输入制造商给该商品的字母数字号码，允许的最大字符数是 20 个
6	UPC / ISBN	可选填，输入在产品条码上的唯一产品号
7	包装数量	输入每包商品的数量
8	NPC	NPC 代表新蛋产品代码。为了达到库存管理的目的，该产品代码被分配给每个卖家零件编号、商家商品编号。卖家可以在商品上打印使用 NPC 条形码标签，同时准备将货物运送到新蛋仓库
9	商品尺寸（英寸）	输入每个商品的长度、宽度和高度（在零售包装中），用于估计运输成本，并找到最小的纸箱重新包装，新蛋将根据收到的商品进行验证和更新尺寸
10	库存管理办法	先进先出（默认）/ 先到期先出 / 后进先出
11	是否航空禁运物品	为符合美国运输规定，任何运输有危险物质的货物必须贴上正确的标签和使用地面服务。需说明产品是否含有危险物质或电池，对于有电池在内的产品，需分别按重量和时间指示电池单元，以确保为订单提供适当的服务和标签
12	商品重量（磅）	与尺寸相同，在零售包装中输入单个商品的商品重量，新蛋将根据收到的商品对其进行验证和更新
13	厂商建议零售价	制造商的建议零售价或公平市场价值用于报告国际贸易客户，新蛋先收集数据，以便创建全球订单
14	原产国	与建议零售价相同，每种商品的原产国用于确定关税和贸易限制，新蛋为全球订单收集这些数据
15	商品图片	用户可以上传产品图片，以确保新蛋收到正确的商品并更好地处理库存

（2）上述信息填写完成后，单击"提交"按钮，如图5-11所示，产品创建完成并在平台上陈列销售。

图5-11　完成商品创建

（三）批量创建商品

批量创建商品可满足卖家一次可创建多个商品的需求。

具体操作步骤为：

（1）卖家首先选择对应的操作和模板文件格式，然后单击"下载文件模板"，将该文件保存在本地驱动器中，再进行编辑，如图5-12所示。

图5-12　下载文件模板

（2）在处理文件之前，卖家需要认真阅读每个数据字段的说明和定义（可在Excel模板中获得），一些必要信息必须具有数据，新蛋会使用编程脚本来验证上传文件中的SKU（stock keeping unit，库存量单位）详细信息。模板信息表如图5-13所示。

SKU是库存进出计量的基本单元，可以以件、盒、托盘等为单位。SKU是用来定价和管理库存的，比如一个商品有很多颜色、很多配置，每个颜色和配置的组合都会形成新的产品，这时就产生很多 SKU。

Basic Information	Definition and Function	Accepted Values	Example	Required
Seller Part #	A unique identification number for each item, assigned by the seller. The Seller Part # must be unique for every item, including variations of the same product (example: item A blue, item A red, must have different seller part #).	An alphanumeric string. Maximum characters: 40.	321321654	Y
Manufacturer	The manufacturer name for the item. You must use a pre-defined value from our system or request the addition of a new values from your regional content team.	An alphanumeric string. Maximum characters: 40.	Ralph Lauren	Y
Manufacturer Part # / ISBN	Enter the manufacturer's unique part number / ISBN.	An alphanumeric string. Maximum characters: 20.	498665	Required if item UPC code is not provided
UPC	Enter the item's UPC code	A unique Universal Product Code (UPC) (12 characters only) or European Article Number (EAN)(13 characters only) for an item. A numeric string, max 40 characters.	125956125482	Required if item Manufacturer Part # / ISBN is not provided
Item Condition	Item condition is New or Refurbished, Default will be set to New if no value specified.	"New" or "Refurbished"	New	N
Website Short Title	Enter a short, easily identifiable item name for this item. It will be used as the Product Title for your product on all store pages, Sales Orders and receipts.	An alphanumeric string. Maximum characters: 200.	Ralph Lauren Diamond Lace	Y
Item Length	Individual unit shipping length in inch	A number with up to 6 digits allowed to the left of the decimal point and 2 digits to the right of the decimal point. Please do not use commas or dollar signs.	32.5	Y
Item Width	Individual unit shipping width in inch	A number with up to 6 digits allowed to the left of the decimal point and 2 digits to the right of the decimal point. Please do not use commas or dollar signs.	10.25	Y
Item Height	Individual unit shipping height in inch	A number with up to 6 digits allowed to the left of the decimal point and 2 digits to the right of the decimal point. Please do not use commas or dollar signs.	125.25	Y
Item Weight	Individual unit shipping weight in pounds	A number with up to 6 digits allowed to the left of the decimal point and 2 digits to the right of the decimal point. Please do not use commas or dollar signs.	6.25	Y

图 5-13 模板信息表

（3）卖家可通过在"文件上传历史记录"页面单击"刷新列表"按钮来查看文件处理状态和结果，如图 5-14 所示。卖家要查看成功创建的商品，可以从项目列表中搜索项目，具体操作步骤和"创建已有商品"的步骤一致。

图 5-14 单击"刷新列表"按钮以查看文件处理状态和结果

5.2　Listing 优化

商品 Listing 就是一个提供产品详细信息的页面，主要包括标题、图片、商品卖点、产品描述、客户评论、后台关键词六个要素。Listing 决定了店铺商品的曝光度与点击率，进而影响商品的销售情况，因此商品页面的优化在跨境电子商务运营中有着举足轻重的作用。

一、标题优化

标题可以说是商品页面信息中最重要的一块。在买家输入搜索词后，跨境电子商务平台会优先展示搜索词与标题高度相关的商品，买家看到搜索结果后，也会首先浏览商品的标题，判断是否符合自己的购买意图。

1. 标题编写公式

标题最重要的作用就是告诉买家卖的是什么商品、商品的特点和功能有哪些，因此标题用词一定要准确。标题编写具体可以从以下几个方面着手：

第一，对销售的商品进行深度的了解，例如了解商品的主要功能、突出优势、使用方法、使用场景等。

第二，分析几个平台中销量好的同类商品，总结它们标题中的核心关键词和商品特性词。

第三，根据自身商品的特点，保留同类商品标题的核心关键词，同时将那些同质化比较严重的特性词替换成能体现自身商品特色的特性词。

商品标题的公式可概括为：

标题 = 品牌名字 + 核心关键词 + 商品属性 + 主要特性 + 变体

图 5-15 中的标题就是一个较为标准的标题。

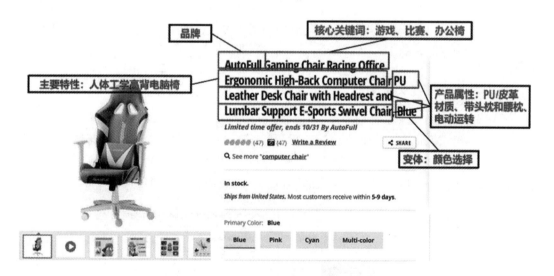

图 5-15 标题编写示例

变体是彼此关联的一组商品，是对不同颜色、尺寸、型号等的同款商品的统称，每种颜色、尺寸、型号都可以称为一个变体。例如图 5-16 中的某品牌男鞋有四个颜色九个尺码供买家选择，可以有不同的颜色以及不同的尺码的组合，变体可以是单一规格的变体，也可以是混合两种或者两种以上规格的多变体。良好的变体关系商品信息可让买家根据不同的属性（包括尺寸、颜色或其他特性），通过商品详情页面上提供的选项比较和选择商品。

图 5-16　变体商品

2. 标题编写注意事项

在编写商品的标题时，除了要符合上述编写公式的要求外，卖家还要注意以下事项：

（1）标题应控制在 200 个字符以内，该用数字表达的应该直接使用阿拉伯数字表达，而且不要全部都用大写字母表达；

（2）尽量通过前 5 个词表达清楚"产品是什么"，而且重要的词尽量放在前 36 个字符，要综合考虑这些词语在电脑端、手机端的位置；

（3）标题包括核心关键词即可，不要在其中罗列关键词以及反复赘述同义词；

（4）不要使用特殊符号或者 html 标签，不要包含像"fantastic"等过于主观的形容词；

（5）不可出现违法、违规或者促销的词语，如"free shopping"，也不可未经授权使用别人的商标名称。

二、图片与视频优化

图片能够直接让买家看到商品，比文字带来的吸引力更大，因此掌握好图片优化的要点对于卖家优化商品页面来说至关重要。图 5-17 所示是一个手柄的商品页面，可以发现，除了 1 张主图外，还有几张副图。主图主要展示商品的整体面貌，副图主要对商品的细节进行具体描述，让买家能够更加直观地了解商品的特点。

图 5-17　商品图片页面

在实际营销过程中,无论是主图还是副图,都是决定商品点击率和转化率的重要因素,因此商品图片的制作最好由专业的摄影设计团队完成,以保障图片的质量。

1. 主图优化要求

综合对比分析各大跨境电子商务平台,对主图的具体要求主要包括以下几点:

(1)主图背景必须是纯白色;

(2)主图必须是商品拍摄图片,不能是绘画图且不能包含不在订单内的配件等;

(3)主图附带的 LOGO 或者水印必须是本商品的,且不能附带文字和促销信息;

(4)主图尺寸建议是 1000×1000 像素,图中的商品最好占据整个图片的 85% 左右,以便买家看清商品信息;

(5)图片要清晰、明亮,保证商品特征能够清楚展示。

2. 副图优化要求

副图可以对产品的不同侧面做展示或者对商品的使用方法做展示,也可以对主图中没展示的商品优势做补充展示。一般一个 Listing 中最多可以添加 6 张副图,尺寸要求与主图一致,对背景无硬性要求。

副图优化的重点是使图片能展示销售商品的主要优点和性能,包括该商品的特点说明图和使用场景图,让卖家看完之后能够充分了解这个商品。如图 5-18 所示,奥海品牌充电器在商品页面一共包含 1 张主图、5 张副图,其中副图分别针对商品卖家进行场景化描述,包括可视化安全充电模式(副图 1)、实时功耗数字化显示(副图 2)、更小的体积(副图 3)、适配多款电子设备(副图 4)和支持快充笔记本电脑(副图 5)。

主图

副图 1

副图 2

副图 3

副图 4

副图 5

图 5-18 奥海品牌商品主图和副图

3. 商品头图视频要求

对商品头图视频的具体要求主要包括以下几点:

（1）可用 YouTube 视频链接提交，视频必须和商品相关，商品必须处于 active 状态且一个商品只能有一个主图视频。

（2）视频必须来自品牌的官方频道。

（3）视频最低分辨率为 1280×720 像素，可接受的视频格式有 MP4、AVI、WMV 和 FLV，不接受 URL。

（4）视频不得包含卖方的任何信息。

（5）视频所在的 YouTube 频道必须是该商品的品牌的官方渠道（无须 YouTube 蓝 V 认证），以下四种情况可参考相应处理方法。

①卖家自有品牌，且该品牌有 YouTube 频道，在该 YouTube 频道内上传视频。

②卖家自有品牌，但该品牌无 YouTube 频道，创建该品牌的 YouTube 官方频道，并将视频上传到该频道内。

③非卖家自有品牌，且该品牌有 YouTube 频道，仅提报该品牌 YouTube 频道内的视频。

④非卖家自有品牌，且该品牌无 YouTube 频道，卖家原则上可以自创一个 YouTube 频道，使用该品牌的 LOGO 和名字。

三、商品卖点优化

一般来说，在商品 Listing 中，商品卖点位于商品标题的下方和图片的右侧，它是买家最先看到的部分，如图 5-19 所示。

图 5-19　商品卖点

商品卖点包含标题没有涉及的其他商品关键词，因此，商品卖点描述在商品页面起着非常重要的作用。一方面，它要有可搜索性；另一方面，它又要有功能展示性。实际上，商品卖点就相当于商品的说明书，在商品的标题和图片吸引了买家之后，商品卖点就是留住买家的关键所在。

商品卖点描述的形式一般是"功能+卖点+特色+保障"。卖点编写注意事项包括：

（1）深入了解商品，包括商品的说明书、配件、包装、使用禁忌等。如果是套装商品,要在其中阐述清楚,并且要提前试用商品,充分了解商品的功能特点和使用感受。

(2)从同类商品的客户评价和问答中了解商品卖点和痛点。

(3)描述里要尽可能包括所有主要的关键词(卖点),并且这些卖点的重要性是依次递减的,所以要把重要的卖点放在前面。另外,因为跨境电子商务平台移动端只显示前三个卖点,所以尽量把重要的卖点放在前三位。

(4)卖家如果有销售的目标群体,可以专门从目标群体的角度出发,编写一个商品卖点描述。

以品牌 Anker 的充电器为例,如图 5-20 所示,卖家可以参考其商品卖点描述的编写思路。该商品的卖点描述具有以下特点:

(1)阐述 Anker 品牌的优势——以领先技术带动 5000 万+的销量;

(2)商品的特性 1——最小最轻的充电器;

(3)商品的特性 2——快速充电;

(4)商品的安全性——安全认证;

(5)商品的包装和保障——附件和质保情况。

此外,这个商品卖点描述还包括很多重要的关键词,如商品的核心参数、适配的手机类型等,可以快速帮助买家了解商品信息并做出消费决策。

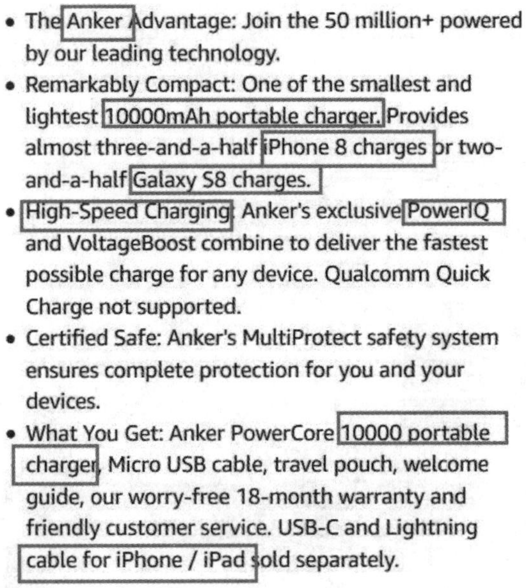

- The Anker Advantage: Join the 50 million+ powered by our leading technology.
- Remarkably Compact: One of the smallest and lightest 10000mAh portable charger. Provides almost three-and-a-half iPhone 8 charges or two-and-a-half Galaxy S8 charges.
- High-Speed Charging: Anker's exclusive PowerIQ and VoltageBoost combine to deliver the fastest possible charge for any device. Qualcomm Quick Charge not supported.
- Certified Safe: Anker's MultiProtect safety system ensures complete protection for you and your devices.
- What You Get: Anker PowerCore 10000 portable charger, Micro USB cable, travel pouch, welcome guide, our worry-free 18-month warranty and friendly customer service. USB-C and Lightning cable for iPhone / iPad sold separately.

图 5-20 Anker 商品卖点描述

📖 **阅读材料**

商品卖点描述写作技巧

1. 每一条描述应尽量简洁,突出商品信息的关键点,比如尺寸、保修信息、适合年龄。

2. 描述要分段写,出现短语要用分号分隔开。

3.尺寸表述要标准规范,如英寸、英尺,可使用符号代替。

4.描述中出现需要用数字的,都用阿拉伯数字代替英文字母。

5.单词首字母需大写,标点符号后空一格再进行第二个单词的书写,书写格式需要严格遵循英文的书写格式。

6.语言描述风格贴合目的地市场的语言习惯,不能出现单词拼写和语法的错误。

四、商品描述优化

商品描述位于商品 Listing 的中部,卖家在这个板块会详细介绍商品的功能和细节,主要是对商品标题和商品卖点的补充。标题相对比较简洁明了,而商品卖点可以对商品进行细微的描述。在编写商品描述过程中要注意以下几个地方:

(1)商品描述里可以包含广告语、商品规格、商品特点、使用场景、使用步骤、注意事项、质量保证(内含品牌叙述)以及包装详情等。

(2)要充分了解自己的商品和商品受众,有针对性地进行商品描述。比如卖玩具,玩具是给小朋友的,所以体现它的趣味性很重要,但购买者是家长,所以不能忽略家长关心的安全问题。

(3)商品描述可以采用图文并茂的方式展开,同时注重对商品使用场景的描述,这样可以让卖家更好地了解商品,增加购买欲望。如图 5-21 所示,某照明灯通过野营、应急电源、特别活动和多种使用场景的描述充分体现商品的应用场景。

图 5-21　商品图文描述

五、客户问答优化

商品卖点和商品描述展示的大部分都是商品的主要特点,卖家可以利用买家问答区来解答买家比较关心的一些细节问题。

一方面,卖家可以多查看同行的买家评论,记录一下买家最关心的问题,然后用自己的账户先把这些问题提出来,这样买家有疑问一看卖家解答就可以直接解决。另外一方面,卖家需要注重问题排布和回复,将买家关注的核心问题放在前面,彻底解决买家的担忧疑虑。除了先提问解答之外,卖家还可以通过浏览总结买家问答里买家提到的需求点或者关键词,放在商品卖点描述,让卖家的商品页面更加贴合买家的需求。

此外,卖家需避免发布违规内容,主要包含:

(1)亵渎或淫秽、煽动性或恶意的评论;
(2)信息滥用、诋毁或攻击他人;
(3)别人写的注明了所有权的文本或文章,书上、文章里或者跟相关话题的其他产品,简要语录除外;
(4)任何关于13岁以下小孩的个人信息;
(5)侵犯了别人隐私的描述,包括透露个人身份信息(如名字和地址);
(6)鼓动非法或不道德行为的文本信息;
(7)困扰顾客或参与者的不受欢迎的重复性信息;
(8)推销商品的重复性帖子;
(9)任何形式的"垃圾"信息,包括广告、竞赛、其他公司或网站的诱导信息,包含"推荐"标签或分支机构代码的任何链接。

想一想

请大家想一想,除了上述商品 Listing 优化内容,卖家还可以进行哪些页面内容的优化?

5.3 店铺绩效管理

店铺评分是指跨境电子商务平台对平台内的店铺业绩表现的综合评价打分。这个分数对卖家非常重要,因为在买家搜索关键词之后,平台会优先推荐店铺评分高的商品,这个分数如果太低将直接影响卖家的销售率,因此,卖家要进行店铺绩效管理,提高卖家店铺在平台的综合评分。

以新蛋为例,为了提高卖家店铺的综合评分,平台设定了一系列的评分指标,并且每月进行一次指标评估。如果卖家在某个特定的审核期间没有达到某个或多个评分指标,将收到要求立即采取补救措施的提示邮件。如果卖家账号连续在两个审核期内未达到预期绩效,则卖家账号可能会失去在新蛋运营后台的销售特权。具体评分标准见表5-3。

表5-3 新蛋对入驻店铺考核评分标准

分类	评分指标	指标考核标准值
订单部分	平均评分	3颗蛋或以上
	订单不良率	小于1%
	未运送订单的作废率	小于2.5%
	订单准时运输率	不低于98%
	订单运单号有效率	不低于95%
	订单准时交货率	不低于95%
	退款率	小于2.5%
其他部分	回应客户信息时间	不低于98%
	政策违规	小于1

新蛋对卖家业绩每天都会进行评估,并在三个不同的时间段(30天、60天和12个月)显示评估结果,卖家可以在卖家运营后台(Seller Portal)查看卖家店铺评分报告。图5-22所示为各项评分标准汇总表。在此表中,绿色图标表示卖家此项考核指标表现不错;红色图标表示此项考核指标表现不佳,卖家需要及时采取行动。

图5-22 卖家各项评分指标汇总

一、订单部分绩效管理

1. 订单不良率

订单不良率(见图5-23)是指卖家差评、未解决的客户投诉和拒付的订单百分比。

订单不良率	30天 09/01/2019-09/30/2019	60天 08/02/2019-09/30/2019	12个月 10/01/2018-09/30/2019	目标
订单不良率	0.3%(5/1677)	0.61%(24/3920)	0.91%(309/34110)	<1%
卖家差评率	0.3%(5)	0.54%(21)	0.69%(235)	—
未解决的客户投诉率	0%(0)	0.03%(1)	0.19%(65)	—
订单拒付率	0%(0)	0.05%(2)	0.03%(9)	—

图5-23 订单不良率详细情况

订单不良率主要由三个方面构成,分别是卖家差评率、未解决的客户投诉率和订单拒付率。卖家的差评订单是指在买家评价中卖家获得 1 颗蛋或 2 颗蛋评分的订单；未解决的客户投诉是指客户对已完成的订单不满意时，可根据新蛋运营后台担保计划提出投诉；订单拒付是指当客户向银行对其用信用卡收费的订单提出异议时，系统会将其视为订单拒付请求；订单总数是指所有已收到付款的订单。当一个订单同时出现退款和差评时，只被计算为 1 件不良订单。具体计算公式如下：

$$订单不良率=卖家差评率+未解决的客户投诉率+订单拒付率$$

$$卖家差评率=\frac{收到差评的订单数}{订单总数}$$

$$未解决的客户投诉率=\frac{收到客户投诉但未解决的订单数}{订单总数}$$

$$订单拒付率=\frac{拒付订单数}{订单总数}$$

2. 未运送订单的作废率

未运送订单的作废率（见图 5-24）是被作废的订单数与订单总数的比值。

未运送订单的作废率				
	30 天 09/01/2019—09/30/2019	60 天 08/02/2019—09/30/2019	12 个月 10/01/2018—09/30/2019	目标
未运送订单的作废率	2.31%（39/1686）	2.01%（80/3971）	2.27%（791/34840）	<2.5%

图 5-24　未运送订单的作废率考核详细情况

其中，被作废的订单包括两个部分，一是由卖家因为各种原因主动作废的订单，二是超过订单的运送时间平台系统自动作废的订单；订单总数是卖家需要运送的所有订单数。具体计算公式如下：

$$未运送订单的作废率仅(由卖家运输的订单)=\frac{被作废的订单数}{订单总数}$$

3. 订单准时运输率

快速及时处理订单是电子商务经营的关键。为了提高客户的购买率，优化客户的购物体验，新蛋鼓励卖家在两个工作日内处理订单。

订单准时运输率（见图 5-25）具体计算公式如下：

$$订单准时运输率=\frac{下单后2个工作日内运输的订单数}{订单总数}$$

订单准时运输率				
	30 天 09/01/2019—09/30/2019	60 天 08/02/2019—09/30/2019	12 个月 10/01/2018—09/30/2019	目标
订单准时运输率	100%（1677/1677）	99.57% (3903/3920)	99.72% (34014/34110)	≥98%

图 5-25　订单准时运输率考核详细情况

4. 订单运单号有效率

订单运单号是由运输承运人分配给每个包裹的唯一编号,有效的跟踪信息可以帮助客户监控包裹状态、了解何时可以收到包裹。

订单运单号有效率(见图5-26)具体计算公式如下:

$$订单运单号有效率(仅由卖家运输的订单) = \frac{可跟踪包裹数}{包裹总数}$$

其中,可跟踪包裹是指运输承运人至少扫描了一次包裹二维码或对包裹递送时间至少进行了一次记录的包裹,包裹总数是指卖家运输的所有包裹数。

订单运单号有效率	30天 08/12/2019—09/10/2019	60天 07/13/2019—09/10/2019	12个月 09/11/2018—09/10/2019	目标
订单运单号有效率	98.21% (1645/1675)	98.39% (3114/3165)	98.31% (19726/20066)	≥95%

图5-26 订单运单号有效率考核详细情况

5. 订单准时交货率

对于卖家来说,满足客户的期望和交货要求是很重要的,准时交货将提高客户的信任和总体客户满意度。

订单准时交货率(见图5-27)具体计算公式如下:

$$订单准时交货率(仅卖家运输的订单) = \frac{准时交货订单数}{可跟踪订单总数}$$

其中,准时交货订单数是指在到期日或期限之前交货的订单数,到期日为客户选择的运输服务时间和订单准时履行时间(2个工作日)的总和;可跟踪订单总数是指可追踪包裹的订单数量。

订单准时交货率	30天 09/01/2019—09/30/2019	60天 08/02/2019—09/30/2019	12个月 10/01/2018—09/30/2019	目标
订单准时交货率	100%(799/799)	99.82% (2194/2198)	99.55% (17889/17970)	≥95%

图5-27 订单准时交货率考核详细情况

6. 退款率

退款率(见图5-28)是指在已经收到付款的订单中申请退款的订单百分比。

退款率	30天 09/01/2019—09/30/2019	60天 08/02/2019—09/30/2019	12个月 10/01/2018—09/30/2019	目标
退款率	4.05%(68/1677)	3.6%(141/3920)	3.24% (11036/34110)	<2.5%

图5-28 退款率考核详细情况

具体计算公式如下：

$$退款率=\frac{退款订单数}{订单总数}$$

二、其他部分绩效管理

1. 回应客户信息时间

客户经常在购买前、购买中和购买后提出各种问题，对所有客户问题做出快速、礼貌的回应被视为良好客户服务的一部分。

如图 5-29 所示，回应客户信息时间的评分标准有两个，一个是及时（24 小时之内）回复率，另一个是平均回应时间。具体计算公式如下：

$$及时（24小时之内）回复率=\frac{在24小时之内回复的信息数}{收到的信息总数}$$

$$平均回应时间=\frac{总回应小时数}{收到的信息总数}$$

其中，总回应小时数指的是卖家花费在回复客户信息上的时间总量，收到的信息总数指的是在某个时间段内收到的信息数。

回应客户信息时间				
	30 天 09/01/2019—09/30/2019	60 天 08/02/2019—09/30/2019	12 个月 10/01/2018—09/30/2019	目标
及时（24 小时之内）回复率	78.07%（292/374）	77.62%（711/916）	91.54% （8913/9737）	≥98%
平均回应时间	12 小时	14 小时	13 小时	—

图 5-29　回应客户信息时间考核详细情况

2. 政策违规

平台旨在为包括客户和卖家在内的所有会员创造一个安全、公平的环境。当出现违反条款的情况时，新蛋将向相关卖家发出违规罚单，违反规章可能导致账号暂停。具体评分标准以某段时间内卖家收到的所有违规罚单总数为准。

政策违规考核详细情况如图 5-30 所示。

政策违规				
	30 天 09/01/2019—09/30/2019	60 天 08/02/2019—09/30/2019	12 个月 10/01/2018—09/30/2019	目标
政策违规	0	0	0	<1

图 5-30　政策违规考核详细情况

5.4 评论与站内信管理

如果说商品页面优化是吸引客户的第一步，那么做好店铺评论和站内信管理便是留住客户的最后一步。很多时候客户买东西会关注商品的品质问题，商品评论对于客户来说也是重要的考虑因素。因此，卖家要学会管理评论与站内信，学会与客户沟通。

一、客户评论管理

客户评论分为两种，一种是针对商品的评价，一种是针对卖家的评价。以新蛋为例，卖家可以在 Seller Portal 界面的"商业报表"中的"客户评价报表"查看并管理这些评价。

（一）商品评价

消费者拥有给予商品评价与评分的权利，而其他消费者及卖家也能看到这些展出的评论。评价被展出的条件是符合跨境电子商务平台的内容评论的要求，在平台审核通过后才可以展出。如图 5-31 所示，商品评价包括了商品评分及文字、图片和视频的评价描述。

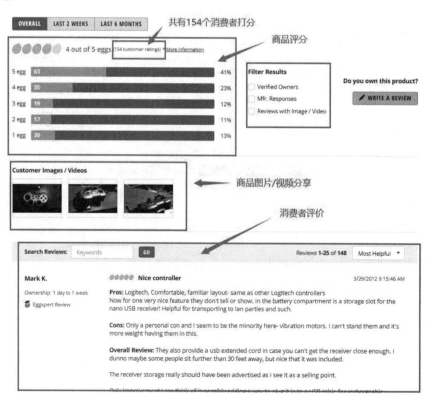

图 5-31　商品评价界面

商品评价根据发表对象不同可以分为三种：普通用户评价、专家评价和供应商评价。

1. 普通用户评价

一般情况下，只要是跨境电子商务平台的注册用户，无论是否购买了商品，都能够在登录后对商品进行评价，符合内容要求的评论会被展出。

2. 专家评价

跨境电子商务平台会邀请一些优质的评论人，为新的或预售的商品提供观点评论，以帮助消费者对这些商品有更详细的了解，并随之产生消费行为。平台会为他们提供免费的商品，他们亲身使用体验过商品之后，会提交自己对该商品的独立评论。符合平台规则的评论不能被供应商和平台修改或编辑，将完全呈现给用户。

专家评价如图 5-32 所示。

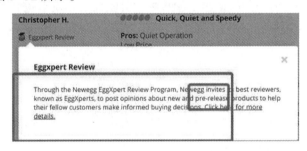

图 5-32　专家评价

3. 供应商评价

跨境电子商务平台认证的供应商可以直接对用户的评论提供反馈，并且该反馈会显示在商品的评论页面中供用户参考，如图 5-33 所示。

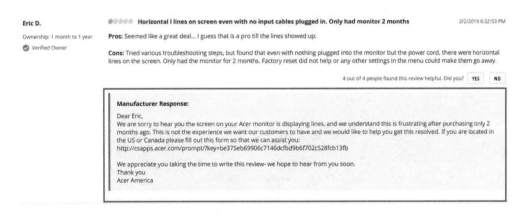

图 5-33　供应商评价

（二）卖家店铺评价

卖家可在后台看到消费者所给出的对店铺的评论，如图 5-34 所示，包括评论的日期、得分、文字评论、消费者购买的商品的订购号及消费者的账号名称（姓名）等信息。卖家可就消费者的评价做进一步的回应或评论。卖家的回应将以消息的形式发送给消费者，不会在前台或者店铺的评论中显示。

图 5-34　卖家店铺评价

（三）处理买家差评

卖家在经营店铺的过程中难免会遇见客户留差评的情况。差评影响着卖家店铺的 ODR 指标（订单不良率）。为了尽可能避免差评对卖家店铺的影响，卖家要有应对差评的处理手段与方法。

1. 分析差评原因

卖家在收到差评后，先冷静分析差评的原因所在，判断是卖家的问题还是买家恶意差评。如果是卖家原因，卖家要通过邮件或者电话主动与买家进行沟通交流，同时可以在后台查看解决差评的具体方案。

2. 管理差评

如果卖家与买家经过沟通协调，买家表示愿意删除差评，那么卖家可以按照以下步骤指导买家删除差评。

买家登录账户，进入新蛋首页，在账户管理（"My Account"）中打开管理账户（"Manage Account"）下的评论管理（"Manage Reviews"），如图 5-35 所示。找到需要删除的评论，进行删除或重新编辑。

图 5-35　查找评论

二、客户站内信管理

通过站内信与客户沟通是卖家营销运营中的重要环节。卖家进入 Seller Portal 后，单击"消息管理"，然后单击"客户消息管理"，便可以看到客户发送的站内信；选择站内信,单击"回复"可以对客户的站内信进行回复,如图5-36所示。

图 5-36　回复客户的站内信

卖家在使用邮件与客户交流之前一定要充分了解平台的相关规则,注意平台禁止使用邮件发送的内容,避免违反平台规则而导致账号被封,具体可以从以下几个方面注意回复信息内容。

1. 内容不能有利益诱惑

如果店内已购买的客户给卖家留了差评,卖家可以通过给客户发送邮件,告诉他们如果愿意删除差评,卖家可以给他们退款、打折扣、赠送礼品等,又或者通过这种方式让客户留下好评。但是这种以奖励性行为诱导客户删差评或者留好评的行为是严格禁止的,轻则会被限制警告,重则卖家账号被关闭。因为这样得到的商品评价是不客观真实的,未购买的消费者也无法得到商品真实的体验反馈。

2. 不能含有真实邮箱地址

为了避免双方线下的不可控交易,客户和卖家通过邮件沟通时,不能使用彼此真实的邮箱。所以,双方在交流时内容不能包含真实的邮箱地址,特别是卖家,否则有可能被系统屏蔽。

3. 不能含有购买链接

有些卖家想通过给客户发送新品链接或者新品优惠码等方式为商品引流。但即使发送的链接是店铺的产品,这种行为也是违反规定的。站内信的内容不能包含除了订单信息以外其他的隐私信息或者诱导购买的链接,否则会被系统屏蔽。

4. 不能包含卖家地址、电话等信息

当客户不知道怎么发起退货申请,要求卖家把收货地址信息通过站内信发送给他时,卖家是不能发送这些信息给客户的。卖家可以告诉客户退货申请的具体步骤,然后再同意客户的退货申请。

实训演练

任务背景

小王目前经营着一家手机配件公司,主要销售手机充电器、数据线、耳机等产品。他察觉最近几年跨境电子商务比较热门,于是准备在亚马逊开设一家店铺,销售自己公司的产品。

任务分析

在进行店铺注册前,小王应该仔细阅读《亚马逊卖家注册指南》,充分了解平台的注册条件以及规章制度。在注册店铺环节,小王要明确开设店铺需要准备的材料;

在商品页面优化环节,小王应着重从前文所讲述的 5 个方面逐个进行优化。

任 务 实 施

步骤1:研究《亚马逊卖家注册指南》,了解亚马逊的注册要求、材料提供、禁售商品和政策扶持等。

步骤2:整理注册店铺需要准备的相关材料,然后进行店铺申请注册。

步骤3:店铺注册成功后,在店铺上架新产品。

步骤4:搜索平台内与自营商品类似的商品,总结它们的特点,分析自营商品与其他商品的区别,拍摄自营商品高清照片,全面了解商品属性与特点,以便进行后续的商品页面优化。

步骤5:做好充分准备之后,对商品页面进行逐一逐项优化。

本章练习

一、选择题

1.卖家选择在亚马逊平台注册店铺,不需要提供的材料是( )。

A. 法人身份证正反面 B. 付款信用卡

C.W-8 表格 D. 联系方式

2.新蛋开店从注册到激活至少需要( )。

A.5 天 B.10 天

C.15 天 D.20 天

3.新蛋对入驻店铺进行考核,平均评分标准是( )。

A.3 颗蛋以上 B.3 颗蛋及以上

C.2 颗蛋以上 D.2 颗蛋及以上

4.Listing 优化不包括( )。

A. 标题优化 B. 图片优化

C. 价格优化 D. 商品卖点优化

5.( )不是产品信息页面必填的项目。

A. 商品标题 B. 是否航空禁运物品

C.NPC(新蛋产品代码) D. 原产国

二、简答题

1.选择在亚马逊平台注册店铺,需要准备哪些材料?

2.请简述主图优化的要求。

第6章
跨境电子商务营销

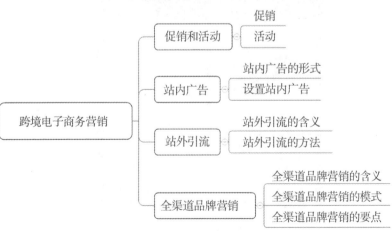

学习目标

【知识目标】

1. 了解促销的类型。
2. 了解活动的类型。
3. 熟悉站内广告的形式。
4. 熟悉站外引流的方法。

【技能目标】

1. 掌握促销和活动的内容。
2. 能够设置站内广告。
3. 能够使用社交媒体引流。

【思政目标】

1. 在促销和活动过程中树立正确的价值观,提升企业效益。
2. 在广告引流中树立诚信的社会主义核心价值观,确保广告信息真实。

引导案例

在黑色星期五之前,Anker 在其官方 Instagram 上推出黑五嘉年华活动,也就是设计了一个黑五的"夹公仔"移动端网页游戏,用户通过注册邮件参加,从而获得奖品,即 Anker 产品或者折扣优惠,如图 6-1 所示。获得折扣优惠后,用户可以直接在页面下方跳转购买。因此,Anker 利用一个小游戏,获得了大量的用户邮箱信息,定向完成精准导流和提升销量。

结合本案例,思考并回答以下问题:

(1) Anker 还能够采取哪些营销方式帮助进行产品推广?
(2) 跨境电子商务营销过程中如何利用社交媒体引流?

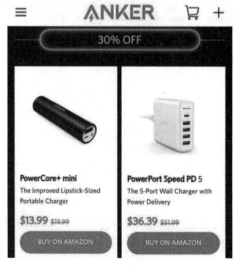

图 6-1　Anker 活动页面

6.1 促销和活动

如何开展有效的促销和活动,将精心准备的商品销售出去,是跨境电子商务店铺最为关注的问题之一。因此,掌握重要的营销技能对于跨境电子商务店铺来说至关重要。

一、促销

常见的促销主要有以下 2 种:

(一)降价促销

降价促销是指网店对商品进行降价处理,从而吸引消费者购买商品。

1. 商品降价促销

商品降价促销是指对商品进行价格优惠促销。降价是一种直接刺激消费的促销方式。卖家可以通过设置价格优惠条件,吸引消费者购买商品,如图 6-2 所示。

图 6-2 商品降价

商品降价促销形式通常有以下几种:

①购买某个特定商品,给予折扣优惠。比如,买 M103 型号无线鼠标,享受 8.8 折优惠。

②购买某种类型的商品，给予折扣优惠。比如，买电脑类商品，享受9折优惠。

③购买某种品牌的商品，给予折扣优惠。比如，买华为品牌商品，享受所有商品9.5折优惠。

2.订单促销

订单促销是指对客户订单总价设置一定的优惠条件，吸引消费者下单购买的促销方式。

订单促销形式通常有以下几种：

①订单总额满一定数额时，给予金额优惠。比如，订单满300元，立减30元。

②订单包含某个指定商品时，给予金额优惠。比如，订单中包含数码产品，订单9折优惠。

③订单包邮，订单减免邮费。

（二）增值促销

1.优惠券促销

优惠券（见图6-3）促销也是一种常见的刺激消费者复购的促销方式。根据店铺指定赠送优惠券的方式不同，优惠券赠送主要有三种方式。

图6-3 优惠券

①满额送优惠券：消费者购买订单金额达到一定条件后，可以额外获得抵扣一定金额的优惠券。比如，订单满300元，送30元优惠券（供下次使用）。

②购买指定商品送优惠券：消费者购买指定商品，可以额外获得一定金额的优惠券。比如，购买某系列新品，送20元优惠券。

③针对会员赠送优惠券：针对会员不定期发放小额的优惠券。

优惠券促销与降价促销类似，也能给消费者带来优惠的消费感受。由于优惠券通常会有使用时间和条件的限制，在消费者收到优惠券后，又会刺激消费者产生再消费的冲动，为下一次销售做好铺垫。

2. 赠品促销

赠品促销是指企业通过额外赠送商品来吸引消费者购买。赠品促销按照赠送的形式不同，主要有以下 3 种类型：

①满额赠送：消费者付款达到一定的金额后，可以额外获得一份或几份赠品。

②购买指定商品赠送：消费者购买指定的商品后，可以额外获得一份或几份赠品。比如购买无人机赠送电池，如图 6-4 所示。

③针对会员或已产生的购买订单赠送：企业可以根据会员或者现已产生的购物订单，向消费者发放赠品。

图 6-4　赠品促销

降价促销和增值促销都是企业为在一定时期内扩大销售量，利用商品降价快速占领市场，提升市场占有率的有效方式。降价促销是提高商品价格优惠力度，增值促销是提升商品的价值感。在店铺运营的不同阶段，店铺也可能通过亏损的促销方案获得店铺的流量，或达到清库存及资金回笼的目的。促销活动的开展需要企业把握时机和节奏，综合考虑多方面因素后进行。

二、活动

这里的活动是指由平台或者店铺发起的推广活动。平台或店铺可以通过整合自身的资源，策划具有创意的活动或事件。

1. 平台活动

由平台整体策划发起的活动往往会带来更多的流量，可以联合平台的多个卖家和产品进行大范围推广。平台活动需要卖家准备相应的材料报名参加，能给卖家带来一定的流量和曝光。平台活动主要有以下几种：

1）主题活动

主题活动是指平台针对特定节日或品类开展的主题促销活动。例如 10 月作为第四季度的首月，是新蛋年度 Gametober 活动的开始，新蛋将侧重游戏相关产品的促销。2021 年 10 月 5 日至 11 日，平台开展了"Game On Another Level"的主题活动，带动了平台店铺电脑周边、游戏手柄、电竞桌椅、键鼠类产品等的火热销售。

2）秒杀活动

秒杀活动包括限时秒杀活动、周秒杀活动等，平台对报名参加的商品售价及店铺资质有着严格的要求。秒杀活动能帮助卖家更好地展示自己的商品，提高品牌知名度并达到清理库存的效果。

3）会员日

会员日是平台发起的针对会员的促销活动。例如亚马逊推出了 Prime 会员日活动，该活动是为了庆祝亚马逊的成立周年而推出的全球购活动，各个站点的促销时间不同，不过共同点是折扣大，买家可以得到大量的折扣优惠，卖家能够得到大量的流量。

4）其他节庆活动

平台会根据世界各地区节庆特点开展相关促销活动。这类促销活动具有集中性、规模性等特征。并且，在节假日，人们的消费意愿较为强烈，这种集中的消费行为给卖家带来巨大的商机。主要节假日概览表见表 6-1。

表 6-1　主要节假日概览表

月份	全球关键节假日	地方性特殊节假日
1月	新年（1月1日）	主显节（巴西、西班牙、葡萄牙、意大利） 返校月（澳大利亚） 东正教圣诞节及新年（俄罗斯）
2月	情人节（2月14日）	狂欢节（巴西、西班牙、葡萄牙） 祖国保卫者日（俄罗斯） 超级碗（美国）
3月	国际妇女节（3月8日） 复活节	母亲节（英国） 圣·帕特里克节（英国、美国、加拿大、澳大利亚） 时装周（巴黎、伦敦、米兰、纽约）
4月	复活节假期 地球日（4月22日）	国王节（荷兰） 瓦尔普吉斯之夜（瑞典）
5月	母亲节 婚礼季	父亲节（德国）
6月	父亲节 夏季打折季 暑假（北半球）	仲夏节（瑞典） 法国音乐节（法国）
7月	婚礼季 暑假（北半球）	独立日（美国） 国庆节（法国）
8月	婚礼季 暑假（北半球）	父亲节（巴西） 儿童节（智利、阿根廷）
9月	婚礼季 返校月 美国劳动节	时装周（巴黎、伦敦、纽约、米兰） 祖父母节（美国） 父亲节（澳大利亚）
10月	万圣节前夕（10月31日）	感恩节（加拿大：10月的第二个星期一）
11月	万圣节（11月1日） 黑色星期五网购星期一 （感恩节后的第一个星期一）	感恩节（美国：11月第四个星期四） 母亲节（俄罗斯：11月最后一个星期天）
12月	圣诞节（12月25日） 新年夜	节礼日（英国：12月26日）

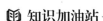知识加油站

母亲节营销本地化创意小贴士

每年全球有许多国家都会庆祝母亲节，不同国家母亲节时间有差异，跨境商家做节日营销需要先确认目标地区的母亲节日期。以 2021 年为例，美国、加拿大的母亲节是在 5 月 9 日，波兰的母亲节是在 5 月 26 日，墨西哥的母亲节是在 5 月 10 日。根据地区差异，对母亲节营销进行创意策划。

1. 美国：独特性礼物

在美国，大多数消费者购买母亲节礼物时考虑的是产品的独特性，他们希望可以买到能留下特殊记忆的礼物。因此，跨境商家可以通过提供新颖独特的礼物来吸引消费者购买，例如一份定制礼品，在广告中可以展示如何为妈妈定制一份饱含心意的礼物。

2. 德国：传达感激之情

大部分德国人表明母亲节是向母亲表达谢意的机会，跨境商家在节日营销广告中可以强调礼物如何传达感激之情。

3. 法国：家庭团圆

法国人的母亲节更像是一个为全家人举行的生日会。法国母亲节定在 5 月的最后一个星期天，在这一天全家人聚在一起享用晚餐。因此，跨境商家的母亲节营销广告主题可以设置为阖家团圆。

4. 日本：祝愿身体健康

很多日本消费者想通过母亲节礼物来祝福母亲身体健康，因此跨境商家在商品的选择和营销上，可以侧重于传达希望妈妈身体健康的祝福。

2. 店铺活动

除平台统一规划组织的促销活动外，各店铺还可根据本店铺的运营计划开展促销活动。这类活动没有额外的平台流量支持，主要针对的是店铺的老顾客或已到店用户，例如免运费、店庆活动等。

6.2 站内广告

站内广告是指卖家在跨境电子商务平台网站的首页或者其他页面较为显眼的位置，对某些商品进行站内推广的一种形式。站内广告可以提高商品在平台上的曝光率、点击率，进而提升转化率。

一、站内广告的形式

站内广告的形式有很多种，不同形式的站内广告在展示位置、计费方式、广告内容等方面都不同，跨境商家在选择站内广告时需要考虑自身品牌特点、商品特点、广告成本、引流目的等多个方面，适当的站内广告可以帮助跨境商家达到营销目的。

不同的跨境电子商务平台，站内广告的形式也不一样。

站内广告是基于关键字和商品定位的广告，顾客在关键字搜索结果页面可以显著地看到广告的商品，此时吸引到的是具有消费需求的精准顾客群体。卖方可以在网站的搜索结果页面最突出的位置宣传自己的商品，提高曝光率。

常见的站内广告有产品推广广告、头条推广广告、视频推广广告和展示推广广告。

1. 产品推广（sponsored products）广告

在商品列表中，具有"Sponsored"标识即为产品推广（见图6-5）。产品推广广告是基于关键字定位的广告，顾客在关键字搜索结果页面可以显著地看到广告商品。卖家通过站内付费推广的方式，可以在搜索结果页面最突出的位置宣传自己的商品，提高商品的可见度，进而提升商品的转化率。

图 6-5 产品推广

此广告计费方式为按照点击次数计费（客户不点击该产品，则不会产生任何费用）。投放此类广告，卖家只对该商品目标人群的流量付费，可以快速收集重点广告数据，尽快定位出目标人群画像，为下一步扩量的投放做准备。

对于目标客户范围比较狭窄的商家来说，产品推广广告既可以促进某款商品的销售,又能够反映出更加清晰的目标客户群体。

2. 头条推广(sponsored headlines)广告

头条推广是展示在跨境电子商务平台网站搜索结果页面顶端、左端和底端的站内广告推广形式。位于顶端的头条推广广告如图6-6所示。

图6-6 位于顶端的头条推广广告

头条推广广告可以最大限度地帮助卖家塑造品牌,提高商品知名度并推动转化。头条推广广告可以进行个性化定制,能够自定义卖家或品牌的标志和标语,并链接到卖家商店或特定的商品组合。此外,每个头条推广广告可以同时展示三款商品,提供了一个强大的品牌宣传机会。

此广告计费方式为按照点击次数计费,并会提供详细的数据分析以便不断优化,使广告获得最佳效果。

对于希望控制广告和销售的品牌和卖家而言,头条推广广告提供了灵活性、曝光率和数据分析,可以最大限度地促进销售。

3. 视频推广(sponsored video)广告

视频推广是展示在搜索列表首页中端,带有自动播放的视频和商品信息的推广手段,如图6-7所示。

图6-7 视频推广广告

视频推广广告通过动态视频更加生动地向消费者展示商品,吸引消费者的目光。视频推广广告适用于操作性比较强的商品和需要进行品牌宣传的企业,因为可以在视频中展示较多的信息。

4. 展示推广(sponsored display)广告

展示推广广告允许卖家将广告产品关联到Newegg或其他平台的相关产品、品类或品牌上。目前在商品详情页面中,有三个展示推广广告位,分别位于产品标题上方、五点描述下方和及购物车下方。另外,展示推广广告不仅可以在站内增加曝光率,卖家还可以选择将产品推广到站外,比如 Google,从而引进更多的流量。

图 6-8 对比了以上四种站内广告的展示位置。

（a）产品推广广告　　（b）头条推广广告　　（c）视频推广广告　　（d）展示推广广告

图 6-8　广告位置比较

这四种站内广告形式不同,但是也有相同点:所有类型的站内广告计费方式都为按照点击次数计费,卖家可以自主选择广告定位方式。

二、设置站内广告

以新蛋平台为例,站内广告的配置操作流程如下:

首先,卖家需要从 Seller Portal 进入广告系统,如图 6-9 所示。

图 6-9　广告服务

然后,选择"创建广告活动",如图 6-10 所示。

图 6-10　选择"创建广告活动"

根据需要,选择创建的广告类型(产品推广(sponsored products)、头条推广(sponsored headlines)、视频推广(sponsored video)、展示推广(sponsored display)。

（1）产品推广广告创建步骤。

第一步:填写广告活动名称、开始日期、结束日期和每日预算,如图 6-11 所示。

图 6-11　创建广告活动

设置好广告基本信息后，还需要创建广告组（creat an ad group），填写广告组的名称，如图 6-12 所示。

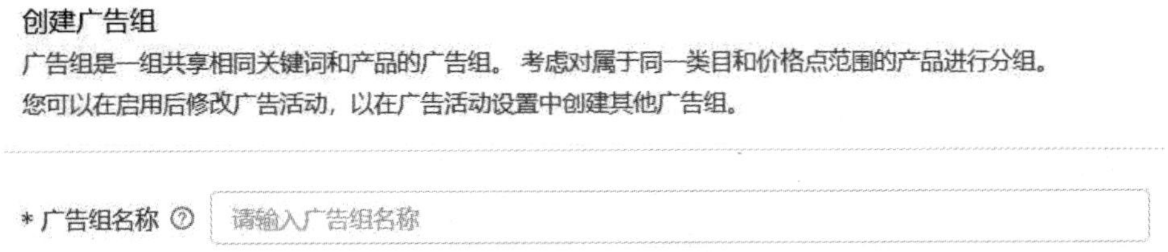

图 6-12　创建广告组

然后就到了添加商品的环节，要在同一广告系列中添加要推广的商品列表。选中要添加的商品，单击"添加"按钮使选中商品移动到右边方框中，如图 6-13 所示。

图 6-13　添加商品

注：添加的商品应当为类目相同或相似的商品。

第二步，设置竞价。

①"启用所有匹配方式，并统一设置出价为"可设置适用于所有匹配类型的单个出价级别；新蛋将提供建议的出价，同时也可以对其进行调整，如图 6-14 所示。

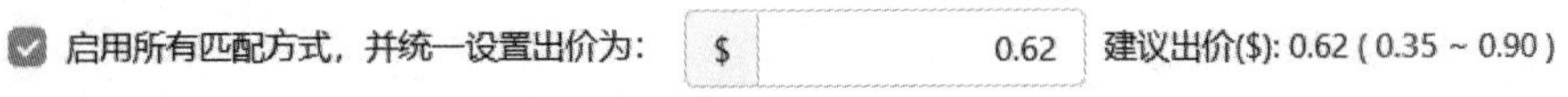

图 6-14　设置匹配方式

②"为定位组设置出价"（set bids by targeting group）可以为每种特定的匹配组类型设置出价。卖家可以选择要使用的匹配组，也可以调整预算。

图 6-15 所示为竞价设置。竞价设置包括以下几项信息：

a. 紧密匹配。关键字精确搜索展示广告，广告会展示给与设定关键词紧密相关的搜索人群。

b. 宽泛匹配。关键字模糊搜索展示广告，广告会展示给与设定关键词不那么紧密相关的搜索人群。如果商品是"400 针数棉质床单"，那么当购物者使用"床单"、"浴巾"和"毛巾"等搜索字词时，平台会展示商品的广告。

c. 同类商品。广告会显示给那些正在浏览商品替代品页面的购物者。

d. 关联商品。广告会显示给那些正在浏览商品互补品页面的购物者。

图 6-15 竞价设置

手动投放（manual targeting）：选择关键字或商品以定位购物者搜索并设置自定义出价。

系统根据选择的 SKU 推荐关键词，可以自行选择添加关键词并更改出价，也可以单击"添加自定义关键词"，自行输入关键词，设置完成后单击右下角的"继续"即可。建议同时开通自动定位和手动定位以寻求最佳的广告方式。

图 6-16 所示为 Bid 选项设置。Bid 选项设置需要注意以下几项：

图 6-16 Bid 选项设置

a. 建议的出价（suggest bid）：以用户过去的出价来预测更有可能中标的出价。

b. 自定义出价（custom bid）：可以为每个关键字自定义出价。添加后，也可以随时对其进行修改和移除，如图 6-17 所示。

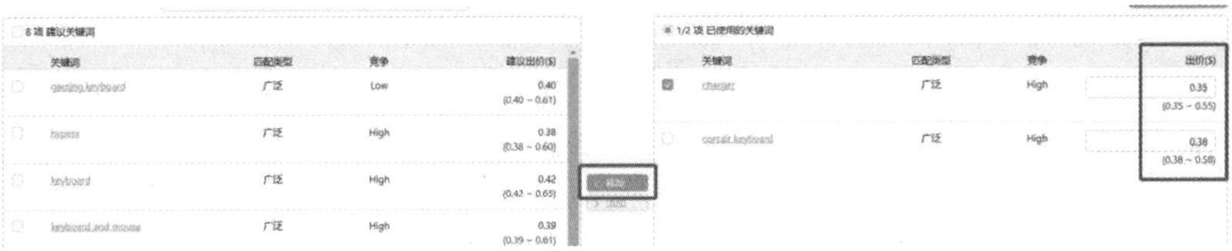

图 6-17　修改和移除 Bid 选项

关键词匹配形式（match type）有以下几种：

a. 广泛匹配（broad）：以所有顺序包含所有关键字，并包含复数形式、变体形式和相关的关键字。

b. 精确匹配（exact）：与关键字或关键字序列完全匹配。

c. 短语匹配（phrase）：包含确切的词组或关键字序列，并包含复数形式。

（2）头条推广广告创建步骤。

头条推广广告的创建步骤与产品推广广告相似，只是有些许差异。

头条推广广告创建需要添加三个或以上的商品，并且需要添加像素至少为 400×400 的店铺 LOGO 和简短的标语，如图 6-18 所示。

图 6-18　设置头条推广广告

头条推广广告中添加的三个商品的展示位置如图 6-19 所示。

图 6-19　三个商品的展示位置

竞标价格是单次点击的费用，因此，在客户点击广告时，商家将支付该竞标价格。"设置竞价"页面如图 6-20 所示。

图 6-20　"设置竞价"页面

（3）视频推广广告创建步骤。

视频推广广告的创建更简单。在设置好广告活动细节后，需选择商品，在下方添加想要上传的视频，设置竞价的方法和上文相同。视频推广广告设置如图 6-21 所示。

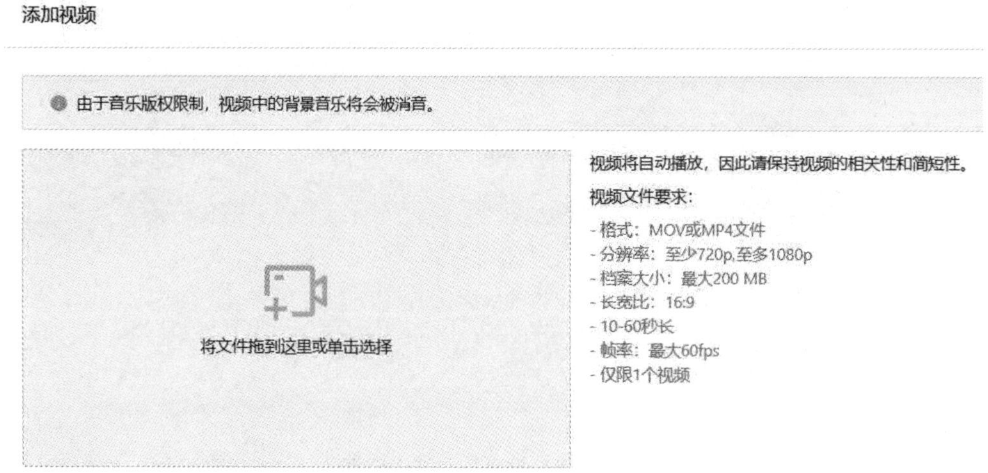

图 6-21　视频推广广告设置

（4）展示推广广告创建步骤。

展示推广广告的创建步骤与产品推广广告相似，只是在完成创建广告、创建广告组、添加商品这3个基础步骤后，在设置竞价环节有差异。

卖家需要选择是在新蛋平台（站内）还是在非新蛋平台（站外）上进行广告投放（见图6-22），后者是通过新蛋网站之外的第三方网站和应用程序进行的，如谷歌。

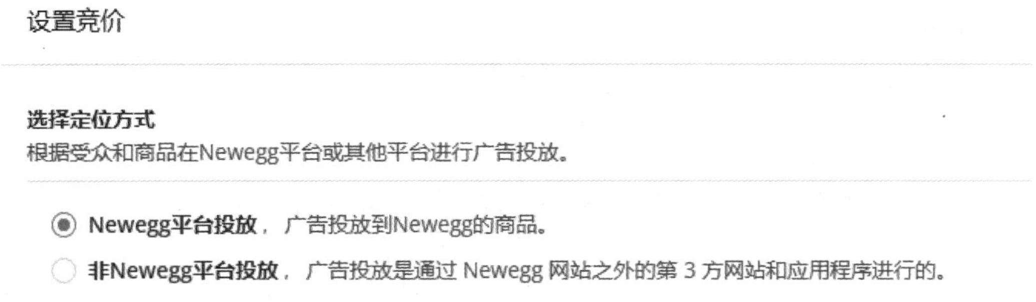

图6-22　竞价设置

若卖家选择在新蛋平台投放展示推广广告，则还需要继续选择特定产品或品类（见图6-23）。此时还可以根据特定品牌、产品价格范围、星级对商品投放进行细化（见图6-24）。

图6-23　选择特定产品或品类

图6-24　细化类别

📖 **知识加油站**

新蛋自动广告和手动广告的区别：

（1）自动广告系统利用相关性算法，自动将卖家的广告与关键词或商品进行匹配；手动广告需要由卖家自主设定关键词。

（2）自动广告一般设置较为简单，曝光量较大，但是也会因为投放不精准的问题而导致前期广告花费偏高；手动广告在设置时需要卖家通过关键词分析，自主添加特定的广告关键词并出价，预期能够带来精准流量，从而提高广告投放效率。

（3）自动广告会优先展示在相关产品的详情页面中，其流量往往经由相关产品页面导入；手动广告则因为在投放中设置了一些关键词，流量会优先由这些关键词导入。

在实际运营中，运营者可结合营销需求综合运用两种广告。

👁 **想一想**

结合本部分所学知识，请在任一跨境电子商务平台收集与数码科技产品相关的站内广告，要求不少于3个。

6.3 站外引流

由流量转化公式（销售额 = 流量 × 转化率 × 客单价）可知，跨境电子商务企业在发展的过程中，比较核心的一步是引流，帮助增加店铺的客流量和销量。常见的一种引流方式为站外引流。它是对站内广告的补充和促进，能够提升商品关键词的排名。

一、站外引流的含义

站外引流是指通过第三方平台（搜索引擎、社交媒体等）吸引流量。站外引流是相对于站内引流的一个概念，通过其他渠道吸引流量。站外引流本质上是通过从其他流量池不断获取低成本、高质量流量，来带动商品销售。

站外引流主要可以在以下两方面帮助企业：

①提高转化：站内引流接触到的客户群体仅限于一个销售平台；而站外引流接触到的客户群体是使用互联网的庞大用户群体，商品的曝光量自然会更高，也会产生更好的引流效果。

②提高搜索权重：商品的销售情况会影响商品在同类商品列表中的排名，销售情况越好，商品的排名就会越靠前。通过站外引流，可以实现对精准用户的定向引流，从而拉升商品或店铺在平台内的销量，进一步提升商品在平台内的排名，并积累更多评论，从而获得在平台内的曝光，消费者会在平台上搜索相应的商品，这样可以提高

商品的搜索权重，帮助商品出现在平台首页结果页面的显著位置。

二、站外引流的方法

（一）搜索引擎引流

搜索引擎引流分为 SEO（搜索引擎优化，search engine optimization）和 SEM（搜索引擎营销，search engine marketing）。通常语境中，SEO 指优化自然搜索排名，获得更多的免费的自然流量；SEM 指付费进行营销，付费投放搜索引擎广告。

1.SEO

SEO 即对关键词进行优化，从而提升网站排名，实现较好的曝光。SEO 对促进企业或者品牌知名度的提升也有很大的帮助，是一种优化费用较低、见效稳定的推广手段。简单来说，SEO 就是以充分曝光网站 URL 链接、锚文本及品牌信息更多出现为目标的操作方案。曝光网站 URL 是为了增加搜索引擎抓取企业的机会，锚文本是为了增强企业的相关性，品牌信息更多出现则是为了提高消费者对企业品牌的认可。SEO 是基于搜索引擎的免费、有机、编辑性或自然的搜索结果获取流量的过程。

SEO 的目的是当用户用搜索引擎搜索某相关商品时，让商家商品详情页面在搜索结果中排名更高（见图 6-25）， 排名更高最终意味着为商家的 SKU 带来更多的流量和销量。

图 6-25　付费广告和 SEO

卖家在进行 SEO 时可以优化的部分主要包括商品名称、商品规格和商品描述，平台会根据卖家填写的商品名称、规格属性、商品描述提供 SEO 内容。同时，SEO 还与网页加载速度、网页内链接、域名使用历史密切相关，而这些因素主要由平台本身优化，独立站卖家不需要自己处理。

2.SEM

SEM 即基于搜索引擎平台的网络营销，利用人们对搜索引擎的依赖和使用习惯，在人们检索信息的时候将广告传递给目标用户，主要直接通过付费广告来获取搜索流量。Google 付费搜索、Google Affiliates、Google Shopping、Bing、Yahoo 以及本地的搜索引擎都是进行 SEM 不错的搜索引擎选择。付费广告通常出现在搜索页面的最上方或页面的右侧，在搜索结果中会显示"Ad"标志。

例如，销售办公桌的公司使用谷歌广告在搜索结果页面第一页上进行排名，方法是对"desk"等关键词出价，搜索该关键词或短语的用户都能看到该公司网站信息，如图 6-26 所示。

图 6-26　SEM 付费广告

（二）社交媒体引流

社交媒体可以为跨境电子商务发展带来更多的潜在可能性。首先，社交媒体可以帮助企业曝光商品，进而构建品牌影响力。其次，通过社交媒体，企业可以与客户建立联系，向客户展示更多的想法，并更方便地收集客户的反馈。社交媒体可以促进商品销售和企业发展新客户。通过社交媒体，企业可以通过付费广告、病毒营销等，推动客户做出购买决策。社交媒体可以提供便捷的客户服务渠道，使跨境电子商务企业与消费者之间的对话更容易、更便捷。目前跨境电子商务常用的社交媒体有 Facebook、Twitter、Instagram、TikTok 等。

1.Facebook

作为全球最大的社交网站之一，Facebook 每月活跃用户数较多。此外，很多公司在使用 Facebook，开通了自己的企业账户，并且在 Facebook 上发布付费广告。当前，跨境电子商务平台新蛋、亚马逊、Wish 等都开通了 Facebook 官方专页。其中，新蛋的 Facebook 官方专页如图 6-27 所示。Facebook 海外营销受到了越来越多跨境电子商务从业者的关注。

图 6-27　新蛋官方专页

Facebook 的广告投放形式主要有轮播图广告、精品栏广告、视频广告、全屏广告四种，如图 6-28 所示。企业采用不同的广告投放形式投放广告会收到不同的效果，所以在投放广告时需要充分考虑到受众心理、企业特点、商品特点、营销目标等多项要素，选择合适的广告投放形式，这样才能达到比较好的宣传效果。

（a）轮播图广告　　（b）精品栏广告　　（c）视频广告　　（d）全屏广告

图 6-28　Facebook 的广告投放形式

1）轮播图广告

一个广告位可以设置 3~10 张图片或者 3~10 段视频，Facebook 用户可以自主选择滑动图片或者视频查看商品。与视频广告相比，轮播图广告的优势在于有多个着陆页，能展示多个商品。

2）精品栏广告

广告位主要区域会显示一张图片或一段视频，这是主广告；主要区域下方再显示多张商品图片，这些图片是辅助信息，让用户在看到广告的同时，也能看到商品的更多详情信息。这种广告设置方便用户浏览，更适合移动端的购物体验。

3）视频广告

广告的主要内容用视频的形式来表达，视频比图片和文字更加生动、丰富，备受用户的青睐，广告信息也易于被接受。视频能生动讲述品牌故事、展示商品和服务，如图 6-29 所示。该视频广告可以在动态消息和快拍中投放，也可以在较长的 Facebook 视频中显示为插播广告。视频广告可以展示实际效果，例如来自 Abeego 的这个快速演示视频广告。

图 6-29　视频广告

4）全屏广告

全屏广告的广告栏占手机的整个界面，广告内容由图片、视频、按钮、文本块、商品系列组成。全屏广告目前只适用于 Facebook 移动端。需要注意的是，全屏格式只支持 Facebook 动态（移动版）版位，且至少使用两张轮播图或两段视频。

2.Twitter

自推出以来，Twitter 已成为人们与品牌互动、提供客户服务等功能的重要平台。Twitter 为广告提供了非常友好的环境。广告往往被视作对用户体验的破坏，不好的设计往往招致用户强烈的情绪反弹。但在 Twitter 上，很大一部分用户称感觉不到广告。可见，Twitter 广告与它所提供的服务本身融合得非常好。另外，Twitter 广告具有良好的用户体验设计和精准投放能力，深入挖掘用户属性，提供了非常细致的定位条件，包括地理位置、性别、语言、设备和平台、关注者、兴趣、自定义受众等。

Twitter 有四种不同类型的广告：推荐推文、推荐账户、推荐趋势和推特故事。当用户登录或注销 Twitter 时，平台可能会向用户显示这些广告。

1）推荐推文

跨境商家使用推文引流是通过付费将企业信息推送给 Twitter 用户，关注和未关注该广告的用户都会看到，如图 6-30 所示。与普通推文一样，付费推文也可以被喜欢、转发和评论。Promoted 推文内容中还可以包含视频，并且视频会在用户的主页自动播放。如果视频短于 60 秒，则视频循环播放。推荐推文显示在目标用户的时间轴中、用户个人资料上、搜索结果顶部以及 Twitter 移动端和桌面应用程序中。

图 6-30　推荐推文

2）推荐账户

账户会推荐给尚未关注企业 Twitter 的用户，从而帮助企业增加关注度，如图 6-31 所示。通过 Twitter 账户推荐，跨境商家可以宣传企业品牌的 Twitter 账户。推荐账户显示在潜在关注者的主页中。另外，该广告还将在"关注对象"建议和搜索结果中展示。

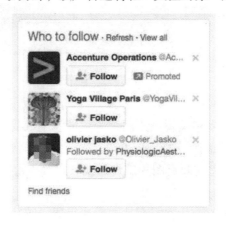

图 6-31　推荐账户

3）推荐趋势

Twitter 热门话题排行是实时使用中最受欢迎的主题和标签集合。当用户在搜索栏输入相关词组时，他们将在页面顶部看到来自品牌的推广，如图 6-32 所示。

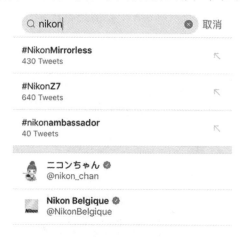

图 6-32　推荐趋势

4）推特故事

推特故事（见图 6-33）是精心编撰的讲述故事的推文集合，是一种故事广告。Twitter Moments 可以在桌面上创建，并且这种格式基本上意味着企业品牌还可以共享超过 280 个字的 Twitter 故事广告。品牌还可以赞助其他品牌创建的 Moments，一同获利。

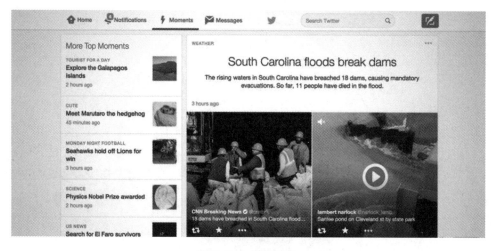

图 6-33　推特故事

3. Instagram

Instagram 主要是以分享精美视频跟图片为主的一个颇受年轻人喜欢的社交平台，所以在 Instagram 上面传播品牌、提高与用户的互动频率非常有必要。

Instagram 上的广告类型主要有图片广告、视频广告、轮播广告、快拍广告。

1）图片广告

图片广告由企业的业务、品牌或商品的图片组成。图片广告是转化社交媒体粉丝的有效方式，很多 Instagram 用户表示他们在 Instagram 上发现了新商品，还有很大一部分 Instagram 用户表示会在 Instagram 上寻找商品。以 Grubhub 在 Instagram 上投放的广告为例，如图 6-34 所示，图片广告上既展示了商品信息，又有立即订购等文本信息，吸引 Instagram 用户在浏览广告时单击页面上的按钮进行购买。

图 6-34　Grubhub 图片广告

2）视频广告

商家利用视频广告（见图 6-35）打造强烈的动态画面和声效体验，视频时长最长可达 30 秒。

图 6-35　视频广告

3）轮播广告

轮播广告（见图 6-36）是指多张照片或多段视频通过轮播的形式展示广告内容。商家可以通过轮播形式讲述更精彩动人的企业故事。在 Instagram 用户的动态消息中，Instagram 用户滑动图片即可查看轮播图片信息，并且在页面中还设有链接，Instagram

用户单击链接便可以进入站外企业页面，从而获取更多信息。

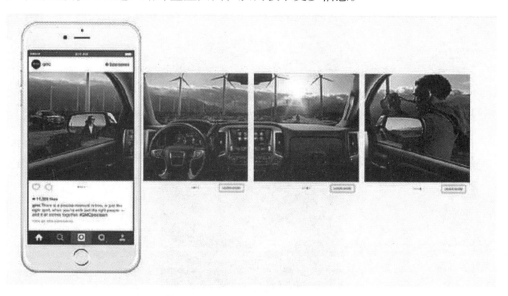

图 6-36　轮播广告

4）快拍广告

快拍广告（见图 6-37）是一种全屏纵向格式的视频广告，商家可通过发布视频或照片给观看者营造沉浸式的观看体验。商家上传照片和视频时，还可添加滤镜进行美化，并叠加文本和使用画图工具打造个性化内容。对于广告受众来说，广告只会在两个快拍之间显示，为受众打造沉浸式广告体验。快拍广告在 24 小时后便会消失。

图 6-37　快拍广告

通过在 Instagram 快拍中加入深度链接，广告主可以利用快拍富有沉浸感的全屏画面吸引用户，引导他们前往了解商品详情。广告主可以利用深度链接来实现访问量、转化量和应用安装量目标。

注意，快拍广告只能单独投放，不能与Facebook广告一起投放。

4.TikTok

随着短视频带货热潮的兴起，作为海外版抖音，近年来TikTok在全球扩张迅速。TikTok在美国、日本、德国、法国、越南、菲律宾、印度尼西亚、马来西亚等多个国家快速占领短视频市场，成为跨境商家的重要引流渠道之一。TikTok的引流广告有以下几种：

1）biddable ads（可竞价广告）

大多数社交媒体网络都有可竞价的广告流程，且通常以自助平台的形式出现，营销人员可以在平台视频之间插入广告，自行设置和运行广告。这些视频广告有三种行为模式：CPC（cost per click，按点击付费）、CPM（cost per mille，每千次展示付费）和CPV（cost per view，按访问付费）。

对于目标定位，TikTok提供了年龄、性别和州级别的地理定位，随着时间的推移，将提供兴趣、行为和更细化的目标定位。

2）brand takeover（品牌接管）

当用户打开TikTok时，此广告类型会立即出现在主页的中间。但是，这种格式的使用仅限于每天一个广告客户。例如，食品外卖服务Grubhub在TikTok的测试阶段尝试了这一方法，以运行一个移动应用程序安装广告，如图6-38所示。

图6-38 品牌接管

3）hashtag challenge（标签挑战）

这类广告活动鼓励用户生成内容，要求用户参与挑战，如图6-39所示，这在TikTok上非常受欢迎。该广告充分利用了用户在平台上创建和共享内容的兴趣，具有很大的传播潜力。据了解，用户可以利用其推出的电子商务功能"Hashtag Challenge Plus"，直接在应用内购买商品。用户只需单击"立即购买"，就可以被引至相关网站上下单购买。

图 6-39 标签挑战

4）branded lenses（品牌滤镜）

TikTok 的品牌滤镜将为用户带来滤镜和 3D 物体等，如图 6-40 所示。该品牌滤镜广告可以有效提高用户的参与度，考虑到 TikTok 的庞大用户基础，这最终将成为促进品牌信息传播的又一可行方案。

图 6-40 品牌滤镜

阅读材料

对于跨境电子商务企业来说，营销不仅要注重宣传效果，还需要在以下方面合规：

1. 明确广告性质。如果产品介绍页面包含具有广告性质的内容，应当在页面注明"广告"的性质。

2. 宣传真实合法。跨境电子商务企业在营销过程中，不能盲目直接翻译商品标识或者标签，应尽到企业对境外商品的广告审查义务，内容要真实合法，不能含有虚假、具有误导性的内容。对于境外商品将境外机构的统计资料、科研成果、调查结果引用为商品证明材料的，如果跨境电子商务企业不能确认这些证明材料的权威性，应在风险告知书中做出充分的说明，同时可在引证内容处表明引证内容出处、境外机构名称、调查结果的适用范围和期限等信息。

3. 注意避免使用《广告法》的禁止性用语。境外商品宣传要与我国《广告法》一致，如果出现禁止性用语等，即使商品本身不违法，但查明存在有损我国国家、国民形象，或者不尊重我国领土主权完整的严重情形的，也会对商品做下架处理。

4. 禁止恶意贬低同类竞争商品。商品竞争要合法合规，不能为了自身企业利益，在营销宣传中添加贬低其他竞争商品的内容。尤其是将境外商品与国产同类商品进行比较时，企业不能进行恶意对比，刻意夸大境外商品。

5. 肖像权授权。如果在营销过程中使用他人形象，企业必须取得他人的书面同意。

6. 未成年人保护。在营销过程中不能出现损害未成年人身心健康的内容，也不得使用不满十周岁的未成年人作为产品广告代言人。

6.4 全渠道品牌营销

一、全渠道品牌营销的含义

全渠道品牌营销是指企业能够随时随地满足消费者的个性化需求，为消费者提供丰富多元的场景体验，将实体渠道、电子商务及移动电子商务进行高度整合，为顾客提供优质而完善的购物服务。全渠道以多渠道为基础使所有渠道进一步融合，使前台系统、后台系统实现一体化，为消费者带来一种永远联动的无缝化购物体验，使各渠道实现同步化、和谐化、一体化。

全渠道品牌营销同时是一种以客户为中心的营销模式。从满足客户需求一直到客户收到产品并使用，全渠道品牌营销都会通过多个渠道全方位为客户提供服务。

以 SHEIN 的营销为例，在 2021 年 BrandZ 中国全球化品牌研究报告中，这家深藏功与名多年的跨境电子商务公司力压腾讯、国航、大疆，在 2021 年 BrandZ 中国出海品牌 50 强中排名第 11 位。SHEIN 的成功主要源于其采用全渠道品牌营销模式，通过全渠道获取大量流量。SHEIN 起初广泛在 Google、Facebook、Twitter 等平台投放广告，然后基于平台的社交属性进行有针对性的营销。同时，SheIn 抓住早期的低成本网红营销快速扩充 GMV、建立品牌和商品形象、积累高黏性用户和用户口碑。

二、全渠道品牌营销的模式

1. 营销平台全渠道

全渠道品牌营销可以实现电子商务平台、社会化渠道和实体店及第三方平台多点启动。全渠道品牌营销模式不再采用电子商务平台和实体店零售的两分法模式，因为一个完善的全渠道品牌营销系统可能整合了电子商务平台、社会化渠道、实体店、第三方平台等多种模式，所以全渠道品牌营销可以从任何一个渠道开始主启动，或者同时启动，这增加了切入市场的灵活性和成功率。

2. 线上线下全渠道

发展线下直营体验店、合作店、加盟店，推广运营 APP，打造多种购物场景模式，有效提升顾客体验以及信任度，实现跨境电子商务线上线下相结合模式的成功落地，如图 6-41 所示。线上线下相结合，打造消费者购买方式的全渠道，可以给消费者提供更加便捷、周到的购物服务。

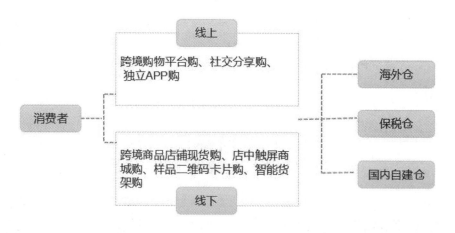

图 6-41 线上线下全渠道

想一想

结合本部分所学知识，请收集两个跨境电子商务开展全渠道品牌营销的案例。

三、全渠道品牌营销的要点

1. 全球化经营，本地化运营

跨境电子商务要实现不断发展，就必须拓宽市场，在不断拓展新的市场的同时，在选品、运营、推广等相关环节做好本土化，增加当地消费者对企业的好感度。例如，Anker 在扩张海外市场时，考虑到商品是面向国际消费者人群的，优先聘请具有国际视野的设计师，重视产品差异化审美的需求。此外，Anker 在智能硬件领域布局和发力。

智能音箱、智能车载充电器等智能硬件对用户体验、软件、外部合作等本土化需求较高，所以 Anker 也更多在重要的市场去建设对应的团队和人员，落实本地化运营举措。

2. 注重移动端建设

全渠道品牌营销之所以会逐渐成为主流，绝大部分原因是人们逐渐将线上购物场景从传统的 PC 端转移到移动端上。而切换到移动端网页的用户体验主要取决于网页设计以及加载速度。

设计移动端网页时，由于用户在比 PC 端小了数倍的屏幕上观看网页，因此重要的信息需要放在头部和中央，次要的信息可以被折叠缩略。移动端网页设计、PC 端网页设计分别如图 6-42、图 6-43 所示。

图 6-42　移动端网页设计

图 6-43　PC 端网页设计

3. 注重品牌建设

品牌建设是跨境商家全渠道品牌营销的核心，通过宣传品牌文化、树立品牌形象，不断培养企业的忠诚客户，实现高质量的可持续发展。

例如，澳洲知名护肤品牌公司 Frank Body 从创业之初到现在产品销往 100 多个国家，收获了大批忠实客户，这一切都源自它始终如一的品牌建设。在注重产品质量的同时，Frank Body 塑造了一个具有亲和力的企业品牌形象，通过建立品牌角色 Frank，与消费者在社交媒体平台上积极互动，创造了一个亲民、风趣、诚信的社交媒体形象，获得了广大消费者的喜爱和认同。Frank Body 社交账号如图 6-44 所示。

图 6-44　Frank Body 社交账号

总而言之，在当前以客户为中心的现代营销理念中，全渠道品牌营销融合了多种需求元素。它不是一种策略，更不是一种趋势潮流，而是适应新时代背景的新的营销模式。未来，全渠道品牌营销将会不断进化，实现整个供应链的优化，通过供应链上各节点企业的通力合作，为消费者提供更加优质的购物体验。

实训演练

任务背景

黑色星期五即将到来，某数码产品卖家想要在这一天开展营销活动，进一步提升销量。如果你是该企业新蛋的店铺营销人员，请根据表 6-2 所示的活动信息，分别从促销和活动、站内广告和站外广告角度，设计 2 种营销方案。

表 6-2　活动信息

产品	某品牌新型无线鼠标			
	价格	14.98 美元	库存	1000 个
	品类	无线鼠标	编号	M103
	品牌	×××	颜色	粉/黑
销售平台	新蛋			
目标销售市场	美国			
营销特色	1. 产品特点（新品、多设备连接、靠近自发现、手感自然、光彩可人）； 2. 销售特点（8 折，买鼠标送定制鼠标垫，全场满 200 元送 30 元优惠券，优惠券可直接抵扣，也可下次购物时使用）			

任 务 分 析

充分了解各种营销方式的形式,以及开展步骤。

(1)采用哪种促销方式和活动类型?促销内容和活动如何安排?

(2)计划使用哪些引流方式?不同引流方式的营销目的是什么?

任 务 实 施

(1)列出选择的营销方式,具体阐述营销策略。

(2)列出选择的站内广告和站外广告类型,具体阐释营销目的。

本章练习

一、选择题

1.( )是指网店对产品做降价处理,从而吸引消费者购买产品。

A.降价促销　　　　　　B.买赠送促销

C.满减促销　　　　　　D.免配送促销

2.下列不属于平台活动的是( )。

A.主题活动　　　　　　B.秒杀活动

C.会员日　　　　　　　D.免费赠送活动

3.站外引流的方式有( )。

A.搜索引擎引流　　　　B.店铺首页商品推广

C.平台头条推广　　　　D.平台视频推广

4.竞价设置信息不包括( )。

A.紧密匹配　　　　　　B.宽泛匹配

C.互补商品　　　　　　D.关联商品

5.关键词匹配设置信息不包括( )。

A.广泛匹配　　　　　　B.精确匹配

C.短语匹配　　　　　　D.模糊匹配

二、简答题

1.简述新蛋自动广告和手动广告的区别。

2.跨境电子商务平台常见的站内广告有哪几种形式?

第 7 章
跨境电子商务物流

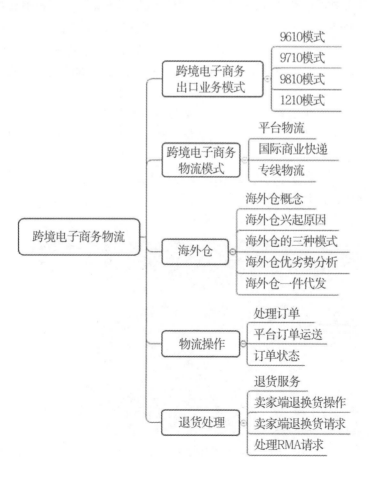

学习目标

【知识目标】
1. 了解跨境电子商务物流的概念。
2. 了解海外仓的概念。
3. 熟悉 SBN、FBA、商业快递、专线的物流模式。

【技能目标】
1. 掌握跨境电子商务物流操作方法。
2. 掌握跨国贸易退货处理流程。

【思政目标】
能够在处理跨国贸易退货的过程中坚持社会主义核心价值观。

引导案例

2021年11月17日,东方卫视就新蛋在洋山特殊综合保税区(见图7-1)内首单跨境电子商务保税出口 B to 海外仓模式(1210模式)进行了专题报道。

保税出口 B to 海外仓模式开通是上海市乃至中国跨境电子商务行业发展划时代意义的里程碑,也是新蛋积极落实新蛋集团全球 CEO 邹果庆在中国市场精耕细作战略思想的重要表现。该模式的正式落地,是在"国内国际双循环"的新发展格局下应对国际贸易形势急剧变化、有效扩大出口、稳外贸的重要举措,对推动跨境物流及国际贸易多元化良性发展、助力中国优质卖家出海具有示范引领作用。

据了解,新蛋集团支撑的保税出口 B to 海外仓模式业务流程也是在政府主管部门的指导下、产业链上下游的支持下完成的。国内卖家将货物清关后,送往新蛋在上海洋山特殊综合保税区的前置仓,由新蛋提供临时仓储、出境清关、国际运输、国外进口清关服务,并送到新蛋在美国的海外仓,海外消费者在新蛋平台下单即可享受本地配送。这种前置仓+海外仓的出口模式高效便捷、货物安全有保障、跨境出口数据真实备案、货物送到前置仓后可及时申请出口退税。

结合本案例,思考并回答以下引导问题:

作为卖家,在选择物流形式时应该考虑哪些因素?

图 7-1 上海洋山特殊综合保税区

7.1 跨境电子商务出口业务模式

随着跨境电子商务整体行业体量的不断增长，跨境电子商务行业的商业模式日趋多样。按照海关规定跨境电子商务出口有 4 种模式，分别是：9610（跨境电子商务零售出口）模式、9710（跨境电子商务 B2B 直接出口）模式、9810（跨境电子商务出口海外仓）模式、1210（保税出口）模式。

一、9610 模式

9610 是跨境电子商务的海关监管代码。9610 模式是指对于已经出售的商品，存放于保税仓的暂存区，等待清关和国内运输。

1. 优势

（1）通关方式正规：9610 模式具备正规、合法的监管模式。

（2）通关流程便利："清单核放"保证了货物通关的效率，能够解决出口订单数量少、批次多的问题。

（3）通关成本更低："汇总申报"定期汇总报关，节约了通关的成本，解决了物流成本高的问题。

（4）资金结算服务完整：具有配套的外汇资金收结汇的服务，依托海关结关数据，回款快捷，能够有效地缓解商家的资金压力。

2. 适用企业

9610 模式以小包、单个包裹发货，适合从境内直邮给消费者，由物流公司运输至指定的口岸清关，经过海关验查后，直接进行委托派送至消费者手中，因此物流时间压缩，时效更快，较适合小包直邮模式的跨境电子商务企业或个人卖家采用。

二、9710 模式

9710 全称为跨境电子商务企业对企业直接出口，简称跨境电子商务 B2B 直接出口。9710 模式是指国内企业通过跨境电子商务平台与境外企业达成交易后，通过跨境物流将货物直接出口至境外企业。

1. 优势

（1）降低中小企业参与国际贸易的门槛。

在传统的外贸中，中小微跨境电子商务企业因为规模小、资金不足等问题很难取得进出口的资质，难以独立参与到国际贸易中，一般需要借助海外代理商实现进出口贸易，但也会因此需要承担较大的风险。因此，中小微跨境电子商务企业很难与终端客户进行及时的沟通，从而获得有效的反馈。但现阶段，跨境电子商务 B2B 平台将规模小、移动化的贸易流程简化，更加方便跨境电子商务企业与卖家参与国际贸易当中。

（2）有利于获得新的外贸用户。

跨境电子商务 B2B 改变了传统的"工厂—国内外贸企业—国外商贸企业—国外零售企业—消费者"的贸易链条，使国内的跨境电子商务企业能够拓展海外的消费者和企业这两大新客户群体。

（3）有利于抢占新市场。

当前，东盟、中东、非洲、拉美等已经成为跨境电子商务快速增长的新兴市场，中小外贸企业通过跨境电子商务平台能够平等参与到新兴市场竞争中，凭借中小外贸企业灵活的供应链，能够较快适应新兴市场的个性化消费，获得新的市场空间。

2. 适用企业

9710 模式适用于小规模、小单物流运送，一般适合中等规模的跨境电子商务企业采用。

三、9810 模式

海关监管代码 9810 全称为跨境电子商务出口海外仓，简称跨境电商出口海外仓。9810 模式是指国内企业通过跨境物流将货物批量出口至海外仓，通过跨境电子商务平台实现交易后从海外仓送达购买者的一种出口模式，即跨境 B2B2C 出口模式。

1. 优势

（1）提高配送时效。

跨境电子商务物流的业务链条相对较长，主要环节包括国内物流、国内海关、国外海关、国外物流等。即便是使用空运的方式，一般也需要 15 天左右的时间才能送往消费者手中，并且有包裹破损、丢失的风险。在 9810 模式下，商品到消费者手中只需要经历国外本土物流这一环节。

（2）提升销量。

商品被运送至目的国海外仓后，在跨境电子商务平台中，商品的所在地为本地，消费者在选购商品时，往往会优先选择当地发货的商品，因此海外仓的设置将大幅提高卖家的销量，并且因为海外仓缩短了物流时间，因此可以避免部分因物流配送时长而导致的纠纷，对商品销售量的提升和快速回款有较大的益处。

（3）降低物流成本。

跨境 B2C 直邮出口以邮政小包为主，其物流方式通常为空运，但随着近几年 e 邮宝价格的上涨，对于大规模的交易订单处理，该方式的物流成本无疑是高昂的；而 B2B2C 出口先将商品通过大宗物流批量运至海外仓，一般采用海运的方式，大大降低了物流成本，从而增加了企业商品利润。

（4）提高售后保障。

在跨境电子商务交易中，商品发生退换货问题是比较麻烦并高成本的，并且往往即便退货，也大概率会导致消费者产生负面评价，消费者的售后体验较差。但在 9810 模式下，通过海外仓可以有效地进行退换货处理，给消费者带来更高品质的售后保障。

2. 适用企业

一般使用该模式出口的企业规模相对来说较大，这种模式比较适合大规模的跨境电子商务企业或者品牌企业采用，因为这种企业一般需要大宗物流运输。对于小规模的企业或卖家来说，9810 模式可能并非最优的选择。

四、1210 模式

1210 模式是一种保税出口模式，适用于境内个人或电子商务企业在经海关认可的电子商务平台实现跨境交易，并通过海关特殊监管区域或保税监管场所进出的电子商务零售进出境商品。

1. 优势

（1）缩短资金周转时间：实行"入区即退税"的政策，能够有效地缩短企业资金运转周期，减少退税的时间成本。

（2）降低物流成本：货物批量入区以及集货运输，可以有效地降低企业的物流成本。

2. 适用企业

中小规模企业和大规模企业都适用这种模式。但需注意的是，以 1210 模式开展跨境电子商务零售进出口业务的电子商务企业及海关特殊监管区域或保税监管场所内的跨境电子商务经营企业、支付企业和物流企业应当按照规定向海关备案，并通过电子商务平台实时传送交易、支付、仓储和物流等数据。

7.2 跨境电子商务物流模式

在传统外贸中，物流在整个过程中仅起到了支持作用。与传统外贸有所不同，B2C 电子商务的资金流、物流、商流都围绕市场来运作，商品生产、销售及货物配运等所有环节都根据顾客订单运转，在此过程中，物流发挥了绝对主力作用。从业务链上看，跨境电子商务物流主要包括境内揽收、国内运输、跨国运输、目的国国内运输、目的国尾程配送等。跨境电子商务物流主要可分为平台物流、商业快递、国际专线和海外仓，本节主要讲述平台物流、商业快递、国际专线这三种。

一、平台物流

1.SBN 模式

SBN 是英文 shipped by Newegg（新蛋运送）的缩写，依托平台先进的自动化仓库和派货系统自主开发，为卖家提供全球范围内的取货、打包、货运全流程服务，并且处理所有与仓储、运输和客户服务相关的问题。

1）SBN 模式的特点

通过使用 SBN 服务，第三方商家可以将商品库存直接托管于平台的仓库之中，在订单生成后由专业的物流团队直接为顾客进行配送。同时，SBN 模式为客户提供 7×24 小时的多语言服务客服团队，该团队随时代表卖家为客户解答和解决问题，大幅减少跨境电子商务物流中产生的人力和仓储资源。因此，对于在平台上购物的顾客而言，购买第三方商家 SBN 商品时，可以享受到和平台自营商品同等质量的物流配送服务，这有利于提升消费者的购物体验，从而推动商家的销售成长，并且 SBN 的费用具有成本优势，相较于卖家自行发货的成本相对低廉。

2）SBN 费用介绍

根据运输物品的类别和距离，SBN 费用共分为仓储费、配送费、剩余库存处置费用三类。

①仓储费。

仓储费主要分为月度库存仓储费和长期库存仓储费两种。月度库存仓储费分销售"淡季"和"旺季"。1—9 月一般视为销售淡季，仓储费相较销售旺季会较为便宜；而 10 月至 12 月是销售旺季，仓储费一般会比淡季的仓储费高。长期库存仓储费适用于在新蛋集团的仓库存储时间超过 365 天的商品，比月度库存仓储费的价格略高。

②配送费。

配送费根据商品的尺寸会有不同的收费标准。商品按尺寸分为标准尺寸商品和大件商品。

a. 标准尺寸商品单件搬运费用。

标准尺寸商品指的是"大小不超过 25 英寸 × 17 英寸 × 12 英寸"（1 英寸 =2.54 厘米），并且"重量不超过 2 磅"（1 磅 =453.592 37 克）的商品。标准尺寸又可细分为小件标准尺寸和大件标准尺寸。卖家要根据不同的等级，按照单件产品，向平台支付重量搬运费用。平台具体收费标准如图 7-2 所示。

图 7-2　平台标准尺寸商品单件搬运费用收费标准

b. 大件商品单件搬运费用。

大件商品指的是"大小超过 6 英寸 ×17 英寸 ×12 英寸",或者"重量超过 20 磅"的商品。大件商品又可细分为小号超大、中号大码、大号超大号、特大号四种,按照不同级别,单件搬运费用收费标准如图 7-3 所示。

图 7-3　平台大件商品单件搬运费用收费标准

2.FBA 模式

FBA 全称为 fulfillment by Amazon,是指由亚马逊官方提供仓储、拣选、包装、配送、收货、客服和退货等服务。具体配送流程如图 7-4 所示。

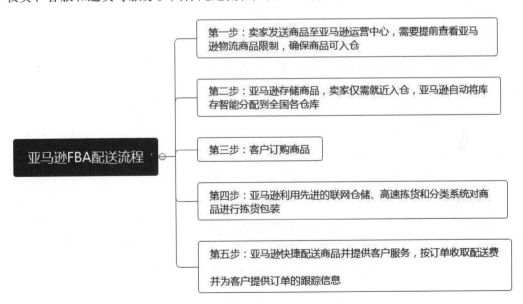

图 7-4　亚马逊 FBA 配送流程

1) FBA 模式的特点

经由 FBA 运送的商品必须遵循严格的商品限制和外包装要求,在平台限制运输的物品范围内或者包装没有达到运输要求,即会被平台拒收、退仓。卖家需要支付亚马逊物流仓储等一系列相关费用,同时,亚马逊支持客户无条件退换货,但 FBA 仓储对退回的商品不会再进行二次鉴定重新上架出售，因此如果商品被退回，无论是选择销毁还是选择寄还卖家，FBA 平台都会再另外收取费用。相对于自发货、海外仓和其他跨境电子商务物流模式费用，FBA 模式的花费会更高，更适合大型跨境企业采用。

2）FBA 费用介绍

FBA 收费分类比较烦琐，主要包括仓储费、配送费、移除订单费、退货处理费和计划外预处理服务费。

（1）仓储费：分为月度库存仓储费和长期库存仓储费。

①月度库存仓储费。

对于储存在亚马逊运营中心的所有商品，亚马逊每月会根据商家的平均每日储存量（以立方米）收取仓储费。所有商品的体积（单位：立方米）均由按照亚马逊物流计划政策正确包装并做好准备配送给买家的商品的尺寸而定，具体收费标准如图 7-5 所示。

月度库存仓储费

月份	每月每立方米的费用（含商品及服务税）
1月 - 12月	$12.84

图 7-5 FBA 月度库存仓储费收费标准

②长期库存仓储费。

长期库存仓储费是除月度库存仓储费外额外收取的费用。亚马逊对于在亚马逊运营中心存放超过 365 天的商品按照每立方米 89.88 美元或者每件商品 0.11 美元（以较大值为准）收取长期库存仓储费（LTSF）。亚马逊会在每月 15 日评估长期库存仓储费，如果卖家在库存清点日之前移除订单，则不需要支付这项费用。

（2）配送费。

亚马逊物流费用是按件收取的固定费用，具体取决于商品的尺寸和重量。首先，需确定商品的尺寸分段（信封、标准尺寸或大件）。然后，使用亚马逊费用明细表确定应采用哪个费用价目表。最后，根据商品的发货重量计算配送费用。

（3）移除订单费。

通常卖家对于滞销品、残次品或者要移换海外市场的商品需要建立移除订单。移除订单产生的费用就是移除订单费。移除订单费按件收取。一般情况下，移除订单需要 10~14 个工作日，但是高峰期和节假日等特殊情况可能需要 30 个工作日甚至更长时间。移除订单费具体收费标准如图 7-6 所示。

服务	标准尺寸（每件商品）	大件（每件商品）
退还	S$0.32	S$0.80
弃置	S$0.32	S$0.80

图 7-6 移除订单费收费标准

（4）其他费用：包括退货与放弃所有权的费用、买家退货手续费、计划外预处理服务费等。

二、国际商业快递

国际商业快递主要指以 DHL、FedEx、UPS 为主导的国际快递。这些国际快递公司依托强大的资本支持，建设专属的全球物流网络，为全球各地的用户提供良好的物流体验。

国际商业快递通过自有基础设施网络或者联合经营网络，统一在起运国的转运中心进行集货以及处理出口报关事宜。头程空运大部分都安排自有运输机队以及航班，到达目的港后直接由快递服务商对所有货物办理快件进口清关手续，接着货物抵达中转站点进行分拨和转运。

1.DHL

DHL 又称敦豪航空货运公司，是全球知名的邮递和物流集团 Deutsche Post DHL 旗下的公司。DHL 在五大洲拥有将近 34 个销售办事处以及 44 个邮件处理中心，其运输网络覆盖全球 220 多个国家和地区的 120 000 多个目的地，为用户提供专业的运输和物流服务。

1993 年，经中国对外贸易经济合作部批准，中外运敦豪成为第一家获得中国境内服务执照的国际航空快递公司，开始向中国各主要城市提供国内快递服务。目前，中外运敦豪已在中国各主要城市设有 25 家分公司和 135 间快递中心。

① 优势：

a. 时效快：时效快是 DHL 最大的优势，北美地区、欧洲地区、澳洲地区均能实现 2~5 个工作日完成签收，东南亚地区 1~3 天完成签收。

b. 安全性强：DHL 的物流渠道基本采用直飞模式，包括大陆直飞、香港直飞。这样的好处在于货物的中转次数较少，无须多次安检、分拣，丢件率低、安全性高。

c. 赔偿效率快：相比于专线物流、邮政小包、国际 EMS，DHL 的赔偿效率是最快的。

② 劣势：

a. 比国际 EMS 费用高 20%~30%。

b. 对所托运的物品限制比较多，许多特殊商品不在揽收范围内。

2.FedEx

FedEx 全称是 Federal Express，隶属于美国联邦快递集团（FedEx Corp），是一家国际性速递集团，总部设于美国田纳西州孟菲斯，为客户提供隔夜快递、地面快递、重型货物运送及物流服务。FedEx 可分为中国联邦快递优先型服务（international priority，简称 IP）和中国联邦快递经济型服务（international economy，简称 IE），两种业务的区别如表 7-1 所示。

表 7-1　中国联邦快递优先型服务、中国联邦快递经济型服务对比

业务	特点
中国联邦快递优先型服务	1. 时效快，递送时效为 2~5 个工作日； 2. 清关能力强； 3. 为全球超过 20 个国家和地区提供快捷、可靠的快递服务
中国联邦快递经济型服务	1. 价格更优惠，比中国联邦快递优先型服务的价格更有优势； 2. 时效略慢，递送的时效一般为 4~6 个工作日，通常比中国联邦快递优先型服务慢 1~3 个工作日； 3. 清关能力强，与中国联邦快递优先型服务使用相同的团队进行清关处理； 4. 为全球超过 90 个国家和地区提供快捷、可靠的快递服务，与中国联邦快递优先型服务享用同样的派送网络，只有很少部分的运输路线不同

这两种业务模式的时效是从快件上网起至收件人收到快件为止，另需根据目的地海关通关速度决定。FedEx 体积重量限制如表 7-2 所示。

表 7-2　FedEx 体积重量限制表

FedEx 跟踪查询网站	FedEx 官方网站
FedEx 体积重量限制	1. 单票的总重量不能超过 300 千克，超过 300 千克需要提前预约； 2. 单件或者一票多件中的单件包裹如超过 68 千克，需要提前预约； 3. 单件货品最长边不能超过 24 厘米，最长边＋其他两边长度的 2 倍不能超过 330 厘米

①优势：到中南美洲和欧洲的价格较有竞争力，但配送至其他地区，运费较贵；网站信息更新快，网络覆盖全，查询响应快。

②劣势：价格较贵，需要考虑商品的体积重量，对托运物品的限制比较严格。

3.UPS

UPS 全称为 United Parcel Service，1907 年成立于美国华盛顿州西雅图，业务包括国内包裹、国际包裹、供应链与货运三大板块，可为 220 多个国家和地区的 900 万客户提供服务。UPS 注重开拓中国市场。2008 年，UPS 成为北京奥运会的物流与快递赞助商。

2001 年，UPS 宣布与中国著名的电子商务企业阿里巴巴合作，与阿里巴巴旗下在线批发电子商务平台全球速卖通结成战略联盟，成为全球速卖通平台的首选物流供货商。

①优势：

a. 业务范围广：提供物流配给、运输（包括空运、海运、公路运输、铁路运输）、货运代理、国际贸易管理、报关代理、退货管理、应急零部件供给等多种服务。

b. 服务周到：提供在线发货，可快速查询网站信息，提供上门取货服务。

②劣势：运费较贵，要计算商品包装后的体积重量，对托运物品的限制比较严格。

UPS 一次多件货物的总计费，依据运单内每个包裹的实际重量和体积较大者进行计算，并且不足 0.5 千克的按照 0.5 千克计，超 0.5 千克的计 1 千克。每票包裹的计费

重量为每件包裹的计费重量之和。UPS 体积重量限制如表 7-3 所示。

表 7-3 UPS 体积重量限制表

UPS 跟踪查询网站	UPS 官方网站
UPS 体积重量限制	1. 单件包裹最大重量为 70 千克； 2. 单件包裹最大长度为 270 厘米； 3. 单件包裹最大尺寸不超过 330 厘米，以及最长边 + 其他两边长度的 2 倍不能超过 330 厘米； 4. 若包裹超过以上尺寸，将对每个包裹收取超重超长 378 元人民币的附加费，且单次运输最多收取一次超重超长费

知识拓展

商业快递计费标准

方式 1：按体积重（又称抛货）计费，即

货物的最长（cm）× 最宽（cm）× 最高（cm）/6000 = 运费

方式 2：按重量计费，即

单价 × 千克数 = 运费

一般以 0.5 千克为一个计重单位，第一个单位为首重，从第二个单位开始为续重，首重的费用通常比续重的费用高。

这两种计费方式以价格高的为准，有时还需要加上燃油附加费和包装费，即总费用为

总费用 =（运费 + 燃油附加费）× 折扣 + 包装费

三、专线物流

专线物流是市面上针对收货国家或地区的一种专线递送方式。跨境专线物流公司与航空公司合作，通过航空包舱方式将货物运输到国外，再通过合作公司进行目的国或地区的货物派送。专线物流对于针对某一国家或者地区的跨境电子商务来说是比较好的物流解决方案。

美国、英国、德国、法国、西班牙、意大利常用的专线物流如表 7-4 所示。

表 7-4 美国、英国、德国、法国、西班牙、意大利常用的专线物流

国家	常用专线
美国	USPS
英国	RM、YODEL
德国	DHL
法国	Colissimo
西班牙	Correos
意大利	GLS

专线物流一般具备以下特征：

①专线物流稍慢于商业快递，但比邮政包裹快。

②专线物流没有国际快递稳定。

③专线物流价格一般比商业快递低，比国际快递高。

④专线多用于运输适合对应目的地、重量处于2~30千克范围内的包裹。

总之，专线物流可利用大量货物聚集运输获得价格优势，但是目的地有限。

知识拓展

国际商业快递：TNT集团

TNT Express N.V.（TNT集团）成立于1946年，总部位于荷兰，是全球领先的商业快递服务商，为客户提供准点的门到门文件、包裹和货运服务。作为全球最大的快递公司之一，TNT集团每天递送百万件包裹、文件和托盘货物。

2012年，TNT集团全年营业额为73亿欧元，净亏损8100万欧元。迫于世界经济形势的压力以及与美国UPS合并计划的失败，2013年，荷兰TNT快递集团宣布进行战略重组，其中包括撤出中国和巴西市场，将业务重点放在欧洲。2016年，FedEx（美国联邦快递）以44亿欧元（约49亿美元）收购了荷兰TNT集团。

想一想

如何选择最为划算的跨境电子商务物流方案？

7.3 海 外 仓

近年来，国内电商市场竞争激烈，然而"跨境"本身所代表的时空距离与"电商"所要求的高时效性相悖。越来越多的厂家将目光投向了海外，加速仓储区域化，海外仓逐渐成为未来发展主流。

一、海外仓概念

海外仓是指建立在海外的仓储设施。在跨境贸易电子商务中，国内企业将商品通过大宗运输的形式运往目标市场国家，在当地建立仓库、储存商品，然后再根据当地的销售订单，第一时间做出响应，及时从当地仓库直接进行分拣、包装和配送。

建立海外仓需要满足以下三个基本要求：首先，海外仓的建设和经营应符合海外当地的安全、消防、环保、卫生等方面的法律、法规、强制性标准的规定以及政策方向；其次，所有服务项目都应该完整体现在报价表中，收费透明；最后，需要整合物流供应链资源，提升经济效益。

二、海外仓兴起原因

由于亚马逊限仓、运费上涨、封号风波,由依赖于亚马逊平台的卖家、服务商衍生出来的海外仓需求暴涨。截至 2021 年 9 月,我国海外仓数量已经超过 1900 个,总面积超过 1350 万平方米,业务范围辐射全球,其中包括北美、欧洲、亚洲等地区。具体而言,海外仓兴起原因主要包括以下三方面:

(1)跨境贸易电子商务的迅速发展要求物流行业转型升级。

海外仓已经成为电商时代物流行业发展的趋势。首先,头程阶段的物流已将零散的国际小包转化成大宗运输,大大降低了物流成本。其次,海外仓能将传统的国际派送转化为当地派送,确保商品更快速、更安全、更准确地到达消费者手中,提升消费者的跨境贸易购物体验。最后,海外仓与传统仓储物流相结合可以规避外贸风险,避免因节假日等特殊原因造成的物流短板,从而提高电商的海外竞争力。

(2)跨境电子商务企业根据自身需求转型建仓。

跨境电子商务与国内电商最大的区别就是货物到达地点的差异,由此衍生出最大的挑战就在于不稳定的物流体系。无论是企业还是个体电商,想要不断扩大规模,不仅要维护好自己的电子商务平台,还需要一个能降低成本、加快配送时效、规避风险的海外仓储。同时,在海外市场,当地发货更容易取得买家的信任,境内配送速度更快、安全性更高,而速度与买家的满意度直接挂钩,海外仓不仅可以将跨境电子商务贸易中的物流风险"前置",还会提高客户的满意度,增加成交量,卖家的信誉和评价提高了,相应地,也带动了营业额的增长。

(3)海外仓的数据化物流体系带动跨境电子商务产业链的升级。

目前,有条件的海外仓已采取数据化、可视化的运营方式。从长远来看,数据化物流日趋完善将进一步带动跨境电子商务产业链的升级。通过数据管理物流,分析流程中的数据,有利于卖家在配送过程、成品发货流程等方面找出问题,在供应链管理、库存水平管控、动销管理等方面提高效率。

三、海外仓的三种模式

海外仓的模式主要有三种,分别是第三方海外仓、平台自建仓、卖家自营仓。

(1)第三方海外仓。

第三方海外仓主要由第三方企业(多数为物流服务商)建立并运营,通过第三方企业帮助跨境电子商务卖家打通国际贸易的壁垒。第三方海外仓为跨境电子商务企业提供清关、入库质检、接受订单、商品分拣、商品配送等服务。

(2)平台自建仓。

平台自建仓一般是指电商平台所运营的海外仓。以新蛋为例,国内卖家将货物清关后,送往平台的前置仓,由平台提供临时仓储、出境清关、国际运输、国外进口清关服务,并将货物送到平台在美国的海外仓,美国消费者在平台下单即可享受本地配送服务。这种模式对于卖家来说无疑是高效便捷的,并且在此模式下,货物的安全有保障，跨境出口数据有真实备案，货物送到前置仓后可及时申请出口退税。

（3）卖家自营仓。

卖家自营仓管理权掌握在跨境电子商务卖家手中，一般仅为企业自身的商品提供仓储、配送等服务。卖家自建仓的日常维护成本较高，一般大体量的公司适合自建海外仓。

四、海外仓优劣势分析

1. 优势

①物流成本低。从海外直接发货给客户，相当于境内快递，相较从中国发往国外成本更低。

②送货时效快，节省了运输报关、清关等各方面复杂的操作流程所需耗费的时间。

③订单处理方便。订单和发货同步，实现了自动化批量处理订单。

④库存管理及盘点清晰，系统自动显示每月的销量及剩余库存。

2. 劣势

①库存压力大。货物销售不畅、销售不良，大量货物进入仓库，可能反而无法实现利润上涨，导致库存压力过大。

②资金周转不便。批量备货至海外仓，备货的资金、物流的资金、仓储的资金等资金大批量投入，资金回流周期长，导致卖家资金周转不便，可能造成资金链断层。

③海外仓管理难度大。目前市面上拥有专业库存管理能力的服务商较少，一般无法帮助电商企业或卖家很好地消化和管理库存。

④海外可控性差。海外仓受当地政策、社会因素、风土人情、自然因素等无法控制的因素的影响较大。例如，货物进口时被查扣，货物在当地仓库被查扣、没收等，对卖家的影响较大。

五、海外仓一件代发

海外仓一件代发是指利用存储在第三方海外仓的货源、配送和仓储服务等资源，把商品信息上架至第三方销售平台或者自建平台上，一旦客户下单，就把订单信息提交给第三方海外仓，第三方海外仓收到拣货任务分配到仓库拣货发货。海外仓一件代发操作主要分为三个阶段：国内前段操作、海外仓库内操作、末端渠道派送。

1. 国内前段操作

卖家需要在线上系统创建入库单。入库单创建好之后，卖家在系统上下载并打印以下三种面单：

（1）SKU标签：SKU即stock keeping unit，指库存进出计量的单位，也叫存货单位，针对电商而言，每款商品都有一个SKU，便于电商品牌识别商品。

（2）箱唛：外箱上印的一些信息，包括商品的名称、规格、装箱数量、毛净重以及外箱尺寸等。常规箱唛样式如图7-7所示。

（3）入库单。

卖家需要在线下装箱，把打印好的 SKU 标签和箱唛，贴在对应的商品上。所有的标签和入库单粘贴放好之后，进行装箱、装柜、发出。

（a）双面正唛　　　　　　　　　　（b）双面侧唛

图 7-7　常规箱唛样式

2. 海外仓库内操作

货物到仓之后，第一步，仓库会根据系统创建的入库单来核实货物是否对应匹配，在确定商品无误后，仓库对到仓货物进行卸货处理；第二步，货物卸货完成后，需要根据箱唛进行箱数清点；第三步，箱数核实无误后，需对 SKU 标签进行扫描，然后进行上架操作；第四步，商品上架完成之后，将货物放置在对应的货架，然后等待买家下单。

3. 末端渠道派送

仓库会根据卖家在系统上提交的订单，在货架上找到对应的商品并取出相应数量的该商品，做下架处理；然后根据客户选择的渠道，进行订单打印，并贴在需要发出的包裹上，进行派送。

海外仓一件代发的优势如下：

（1）缩短运输时间，减少买家物流纠纷，缩短货物回款周期，提升物流配送效率。

（2）操作灵活，不限制发送数量，可单件发送，也可多件发送，可提供多种物流派送方式。

（3）海外仓储拓展了物流配送的适配性，使用海外仓储件代发形式，卖家选品可无限扩张。

（4）提升了客户本土化服务的体验度，有利于刺激客户的二次购买，促进商品的精准销售。

7.4　物流操作

对于跨境交易买卖双方而言，购买/售出的商品需要经过一系列操作流程，来完成商品的运输。本节以新蛋平台订单物流操作为例，详解跨境电子商务物流操作流程。

一、处理订单

一旦顾客订购了商品,卖家就可以在卖家后台中处理订单,具体操作步骤如下:

(1)单击"订单管理""客户订单列表",订单列表将会默认列出所有订单,如图7-8所示。

图7-8 处理订单操作步骤(一)

(2)在"操作"列或"订单号码"列,单击相应单元格,在弹出的菜单(见图7-9)中单击"配送"。

图7-9 处理订单操作步骤(二)

(3)进入订单详情页面并列出订单中核实过的所有产品,勾选未运送的产品,然后单击"创建包裹",生成一个包裹,如图7-10所示。创建包裹时,需要填写此包裹的相关运送信息。

图7-10 处理订单操作步骤(三)

（4）单击"标记所有包裹为已配送"，物流单号将会发送给顾客，然后订单状态更改为"已配送"，如图 7-11 所示。

图 7-11　处理订单操作步骤（四）

二、平台订单运送

SBN 服务的运作流程包含选择转为 SBN 的商品、安排货件、处理寄件单据、订单配送等环节。

（1）为 SBN 选择库存。

平台没有额外的 SBN 注册流程。注册成为商家即可使用 SBN 服务。新蛋商家在使用 SBN 服务前，需要为 SBN 添加运送地区并同意相关条款和协议。

第一步：在"商家账户管理"下选择"商品送货设置"，然后单击"创建配送仓库"，如图 7-12 所示。

图 7-12　为 SBN 选择库存操作步骤（一）

第二步："仓库类别"选择"新蛋配送（SBN）"，在"配送目的地"中选择由平台配送的国家或地区，勾选"我已经阅读并同意新蛋配送条款及细则"，然后单击"继续"，如图 7-13 所示。

图 7-13　为 SBN 选择库存操作步骤（二）

第三步：单击"商品管理"，在商品列表页面中勾选商品前相应的复选框选择使用 SBN 的商品，并在左下角的上拉列表选择"SBN 库存寄送 /SBN 库存补货"，单击"确定"开始准备 SBN 商品，如图 7-14 所示。

图 7-14 为 SBN 选择库存操作步骤（三）

（2）安排货件。

第一步：安排货件并发送库存到平台。

首先在页面左上方确认发件地址，然后在产品包装类型中选择"Individual Items"或者"Carton-Packed Items"，在"设置数量"列单元格中填写发货数量，完成之后单击"继续"，如图 7-15 所示。

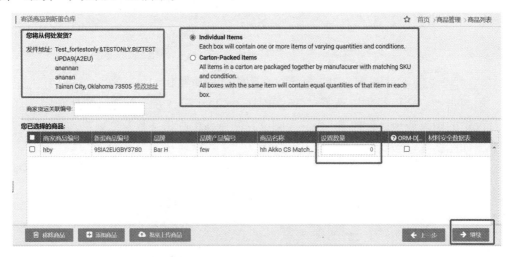

图 7-15 安排货件操作步骤（一）

第二步：确认货件详细信息。若信息有误，单击"上一步"编辑货件列表，若信息确定，单击"保存并创建寄件单据"完成创建，如图 7-16 所示。

注意：如果商家售卖的商品属于不同的子类目，货件将会被分拆为多个货件，以发送至不同的仓库。

第7章 跨境电子商务物流

图 7-16 安排货件操作步骤（二）

（3）处理寄件单据。

创建完货件列表之后，可以准备货件并运往平台仓库，操作步骤如下：

第一步：单击"商品管理""商品库存寄件列表"。

注意：商家所有寄件单据都会显示在"商品库存寄件列表"中。

第二步：在"操作"栏单击"处理寄件单据"，如图 7-17 所示，然后可以进入寄件单据详细信息页面，在此页面可查看单据的基本信息。

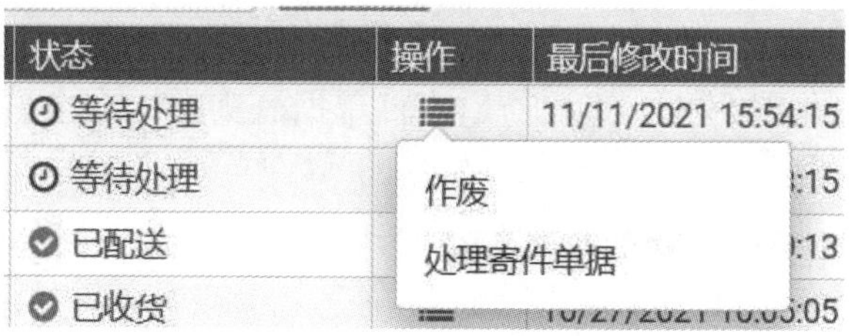

图 7-17 处理寄件单据操作步骤（二）

第三步：设置商品数量，如图 7-18 所示。这一部分是商品确认以及商品标签管理。

如果想要为每个商品更新运送数量，可以在每个商品的右侧输入框更改数量，然后单击"保存 & 继续"。

图 7-18 处理寄件单据操作步骤（三）

第四步：打印包裹标签。发往平台的每个包裹也都必须由一个包裹标签合理标识。可以按照以下步骤打印包装标签。

在"# of Packages"中填写包裹编号，单击"打印包裹标签"进行打印，如图 7-19 所示。

图 7-19 处理寄件单据操作步骤（四）

注意：如果一个外包装箱中装有不同的商品，每个商品的包装箱上必须有一个包裹标签。这个外包装箱上也需要贴有箱内所有商品的包裹标签。

第五步：设置配送信息。

商家可以按照以下方式指定运送方式和货运公司。

a. 在"Select Shipping Information"板块选择运输方式和物流商，如图7-20所示。

图 7-20 处理寄件单据操作步骤之设置配送信息（一）

注意，如需拼箱装载，请注意限制条件：零担，托盘，货件至少150磅。

b. 在"寄件单据详细信息"板块，填写"Tracking Number"，如图7-21所示。输入完成后单击"保存 & 继续"，即可查看寄件单据概览。

图 7-21 处理寄件单据操作步骤之设置配送信息（二）

第六步：发送货件到平台。可以用平台提供的"Seller Portal"（卖家门户）管理寄件单据。具体步骤如下：

a. 打印出包裹标签和包裹清单后，货件状态（见图7-22）将会从"等待处理"转为"等待配送"。

图 7-22 货件状态

b. 对于已经运出的货件，单击"操作"选择"标记为已配送"，如图7-23所示，使包裹状态从"等待配送"更新为"已配送"，以更新货件状态便于管理，并方便追踪货件发往平台的进度。

图 7-23　处理寄件单据操作步骤（六）

三、订单状态

订单将会默认由平台运送，卖家可以从"卖家门户"上查看平台 SBN 订单状态，具体步骤如下：

选择"订单管理""客户订单列表"，在"高级搜索"下面使用搜索过滤器来查看 SBN 订单及相关状态，如图 7-24 所示。

图 7-24　订单配送状态查询

7.5　退货处理

跨境电子商务物流也存在因各种原因导致买家申请退货的问题。相较于国内电商退货流程，跨境电子商务物流退货因涉及不同国家/地区的物流转换，与国内电商退货有所差异。

一、退货服务

平台为无法在美国当地处理消费者退货请求的国际卖家提供"新蛋退货服务"的退货处理方案。这项服务使得国际卖家可以使用平台作为退货中心来处理平台所产生的退货请求，并由平台专业的物流团队或第三方物流服务来负责运输。

不论是商家自己运送商品还是使用 SBN 运送服务，平台都将会帮助商家处理消费者的退货请求并为美国区域的客户提供更优质、更全面的客户体验。

具体退货流程如下。

客户在平台网站上提交退货申请，经平台售后审核，卖家选择通过或拒绝客户的退货申请。退货申请一旦通过，系统自动发出客户退货指南，客户将商品寄回平台退货中心，平台退货中心接收商品，并进行商品扫描、检测、入库等物流操作，操作完成后，客户退货完成。

根据退货的需求，平台将代替卖家办理退款或更换商品手续，并发送信息通知卖家和消费者。所退货物将临时储存在平台退货中心并更新退货库存，卖家也可以通过 Seller Portal 实时查看库存情况，并决定如何处理退货库存。

卖家有以下 3 个选项来决定如何处理退货库存：

① 申请将库存退回至卖家的美国仓库；

② 委托平台自行处理商品；

③ 卖家提供 UPS、FedEx 账号或指定运货公司，支付运费，退回库存至卖家的海外仓库。

二、卖家端退换货操作

（1）制定店铺退货政策。

① 登录 Seller Portal，单击"商家账户管理">"商品送货设置">"配送中心">"配送优先级">"退换货策略"，打开"退换货策略"页面，如图 7-25 所示。

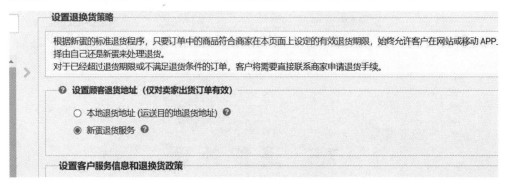

图 7-25 "退换货策略"页面

② 为已激活的国家提供退货服务信息（包括退货地址、联系人、退货服务电话、退货有效周期以及退货手续费）。也可以填写详细的退货条例，这些信息都将显示在新蛋网站店铺页面中。

对于顾客退货地址，有以下两个选择：

a. 本地退货地址（运送目的地退货地址）：设置当前国家的本地退货地址。若卖家选择此项服务，卖家对非 SBN 订单有处理退款的权限，退件将直接退回到卖家填写的退货地址。

b. 新蛋退货服务：新蛋为所有退货请求提供增值服务。若卖家选择此项服务，则卖家没有处理退款的权限，退货由顾客使用新蛋提供的 shipping label 退到新蛋退货中心，新蛋退货中心会进行商品状态、配件和包装等检查。检查完成后由新蛋退货中心将商品退到卖家填写的退货地址。在这个过程中，卖家不会收到后阶段退货的跟踪号或者退货信息，只能根据新蛋退货中心收到货之后随附的退货清单来确认退回的订单。

（2）指定库存退送地址。

具体操作为：单击"商品送货设置">"配送中心">"运送优先级">"店铺退货政策">"库存退送地址"，进入"库存退送地址"页面，如图7-26所示，设置退送地址信息。

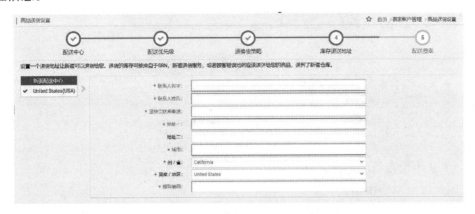

图7-26 "库存退送地址"页面

三、卖家端退换货请求

（1）依次单击"客户订单列表""操作"，选择"创建退换货单据"，如图7-27所示。

图7-27 选择"创建退换货单据"

（2）在"退货概要信息"板块设置退换货信息，比如"退换货类别"等，然后在"商品详情"板块设置"退货原因""退货数量"等信息，如图7-28所示，而后单击"提交退换货单据请求"。

图7-28 设置退换货类别及商品详情

四、处理 RMA 请求

（1）单击"订单管理""订单退换货列表"，然后单击"操作"，在弹出的菜单中选择"修改""执行退款"或"拒绝"，如图 7-29 所示。

图 7-29 处理 RMA 请求

（2）从中国发货的退换货处理：

①顾客提交退货申请。

②平台售后审核，通过或拒绝顾客的退货申请，通过后系统自动发出顾客退货指南。

③如果顾客勾选"using Newegg shipping label"（使用新蛋运输标签），平台会生成一个退货用的"shipping label"（运输标签），运费根据责任由相关的人承担。

④平台收到买家退回的商品后，将代替卖家办理退款或更换商品手续，并发送信息通知卖家和顾客。

⑤平台退货中心将临时存储退货商品并更新退货库存，卖家也可以通过 Seller Portal 实时查看库存情况，并决定如何处理退货库存，选择如下：

a. 申请将库存退回至卖家位于美国的仓库。

b. 委托平台自行处理商品。

c. 卖家自行联系快运公司"自提"商品。

（3）从美国海外仓发货的退换货处理：

①顾客提交退货申请。

②卖家自行选择处理退货，通过或拒绝顾客的退换货请求；或者由平台官方进行处理。

③如果顾客勾选"using Newegg shipping label"（使用新蛋运输标签），平台会生成一个退货用的"shipping label"（运输标签），运费根据责任由相关的人承担。

④买家退回商品，到货后，卖家进行后续退款和退换货处理。

（4）从 SBN 发货的退换货处理：

① 顾客提交退货申请。

② SBN 提供退换货的"shipping label"（运输标签）并承担费用。

③ 买家退回商品，平台收到商品后，代替卖家办理退款或更换商品手续，并发送信息通知卖家和顾客。

注意：RMA 一旦开启，30 天内无法关闭平台退货暂存地址，对于客户的退货，平台有专门的存储仓库。

知识加油站

1. 收到了买家的退货请求,应该多久内回复?

卖家需要在 24 小时内回复买家的退货请求,否则平台会介入处理。

2. 如果卖家提供了 30 天的退货时间,是不是买家在这段时间内都可以退货?

卖家必须为消费者提供从购买日起至少 30 天的退换货保障;买家有权在退换货时间之内退回商品,并根据商品的状态/退回原因等获得对应的退款。

3. 退货运费由谁来承担?

如果是 SBN 仓库发货的商品,由平台承担对应的运费;如果是自发货或海外仓的商品,参考第一部分责任认定,平台会根据责任向卖家或买家收取退货的运费。

4. 如果卖家商品的货值很大,退换货会造成很大的损失,有没有办法弥补这个损失呢?

新蛋平台允许商家在顾客退换货过程中收取一定的手续费,如重新入库费作为对卖家的补偿。

实训演练

任务背景

近几年,义乌小商品批发市场的小玩具横扫欧美玩具市场,成为中国卖家在各大跨境电子商务平台上的畅销品。作为跨境电子商务平台卖家,你最近有一单 30 件的义乌小玩具销往美国,请你综合考虑各种因素,选择一种合适的物流方式,并写出选择的理由。

任务分析

要充分了解各物流方式的优劣势,根据距离、包裹大小、客户要求、时效等方面选择合适的跨境电子商务物流方式。

任务实施

(1)在表 7-5 中列出欲运输商品的信息,如重量、包装体积、运输形式、目的地。

表 7-5 商品信息

商品类型	重量	包装体积	运输形式	目的地

(2)分析 SBN、FBA、专线物流、国际商业快递等的优劣势和寄送要求并填表

7-6。

表 7-6 各种物流方式的优劣势和寄送要求

物流名称	优势	劣势	寄送要求
SBN			
FBA			
专线物流			
国际商业快递			

（3）经综合对比后选择合适的跨境电子商务物流方式。

本章练习

一、选择题

1. 9610 跨境贸易电子商务的优势体现为（　　）。

    A. 通关方式正规　　　　　　B. 降低中小企业参与国际贸易的门槛

    C. 有利于获得新的外贸用户　　D. 提高配送时效

2. FBA 模式是由（　　）平台提供服务。

    A. 亚马逊　　　　　　　　　B. eBay

    C. Wish　　　　　　　　　　D. 新蛋

3. DHL 国际商业快递的优势体现为（　　）。

    A. 上门收件　　　　　　　　B. 价格便宜

    C. 赔偿效率快　　　　　　　D. 限制较少

4. （　　）是海外仓的优势。

    A. 订单处理方便　　　　　　B. 库存压力大

    C. 资金周转困难　　　　　　D. 管理复杂

5. 下面不属于新蛋卖家处理退货库存的方法的是（　　）。

    A. 申请将库存退回至卖家的美国仓库

    B. 委托新蛋自行处理商品

    C. 卖家提供 UPS、FedEx 账号或指定运货公司、支付运费，退回库存至卖家的海外仓库

    D. 卖家要求买家重新发货

二、简答题

1. 请比较亿贝与新蛋的注册流程，分析有哪些不同点。

2. 简述 9610 跨境贸易电子商务的优势。

第 8 章
跨境电子商务支付与金融

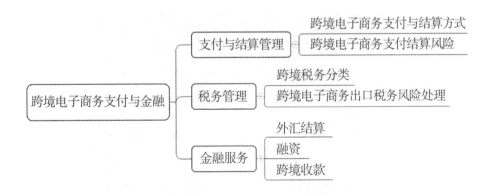

学习目标

【知识目标】

1. 掌握跨境电子商务支付流程的基本知识。
2. 了解跨境电子商务的金融相关服务。
3. 了解跨境电子商务支付平台有关的税务规定。

【技能目标】

1. 能够根据自身情况,选择跨境电子商务支付方式。
2. 在实践过程中,能选取最合适的跨境电子商务支付手段与金融保障系统等。

【思政目标】

1. 坚持正确的价值观,树立积极纳税的税务理念。
2. 在营业过程中坚持纳税人应有的纳税义务。

引导案例

跨境电子商务支付第一股——Payoneer

Payoneer(派安盈)是一家创新型跨境支付数字平台,致力于创新金融科技、跨境商贸配套资源、增值服务产品、专家定制化服务,始终践行"收付全球,盈遍世界"的理念,为中国跨境商务企业与个人连接全球商机。

Payoneer于2005年成立,金融总部设立于美国纽约,接轨全球金融体系;科研总部设立于以色列特拉维夫,精诚搭建技术服务体系与风控架构。Payoneer目前在全球共有21个分公司,于中国香港和欧洲均设有区域运营中心,辐射本地服务需求。Payoneer全球覆盖200多个国家、150多种币种,通达100多个国家清分网络、400万全球核心用户,其中包含90万中国活跃用户。2021年6月29日,Payoneer在美国纳斯达克成功上市(见图8-1),正式成为"跨境电子商务支付第一股"。

结合案例,思考并回答以下问题:

(1)Payoneer快速发展的行业背景因素有哪些?

(2)在选择跨境电子商务支付机构时应该考虑哪些因素?

图8-1 Payoneer在美国纳斯达克上市

8.1 支付与结算管理

一、跨境电子商务支付与结算方式

在跨境电子商务中，买家将订单费用支付给平台，平台收到款后卖家发货。在包裹妥投后的一定期限（每个平台规则不同，时长不同）后，平台将款结算给卖家指定的外币银行或第三方支付公司的银行。若是第三方支付公司，在卖家收款的同时会收取一定的手续费。卖家可以存放外币，或者通过第三方公司将外币转换为当前汇率的人民币。

跨境电子商务支付是一个庞大的体系，不同的行业、场景、业务模式，对应的支付、收款方式都有所不同。这里将根据不同的支付机构详细介绍跨境电子商务的支付与结算。

1. 第三方支付

第三方支付（third-party payment）是指非银行机构通过与各大银行签约，在用户和银行支付结算系统间建立连接，进而促成交易双方收付款的电子支付形式。第三方支付平台作为支付渠道，可与外资银行合作，为国内企业收取外汇。

（1）第三方支付的交易流程。

第三方支付平台将多种银行卡支付方式整合到一个界面上，负责交易结算中与银行的对接，使网上购物更加快捷、便利。以B2C交易为例，总体交易流程如图8-2所示。

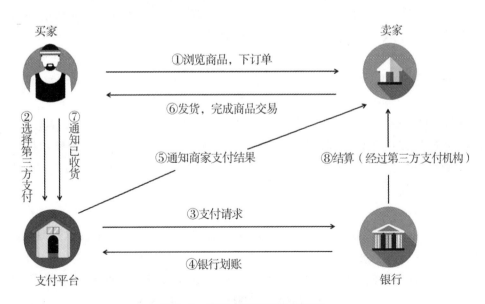

图8-2 第三方支付的交易流程

具体可分为六步：

第一步，买家在电商平台上选购商品，最后决定购买，买卖双方在网上达成交易意向。

第二步，客户选择将第三方支付机构作为交易中介，买家通过信用卡将货款划到第三方支付机构的账户（图8-2中②③④）。

第三步，第三方支付机构将买家已经付款的消息通知卖家，并要求卖家在规定时间内发货。

第四步，卖家收到通知后按照订单发货。

第五步，买家收到商品并验证后通知第三方支付机构。

第六步，第三方支付机构将账户上的货款划入卖家账户，交易完成。

（2）第三方支付的优缺点。

优点：能够为客户提供多样化的支付工具，尤其适用于无法与银行网关建立接口的中小企业，可以为中小企业提供便捷的支付平台。

缺点：存在资金风险问题，在第三方支付流程中，资金可能会在第三方支付机构滞留，若缺乏有效的流动性管理，则可能存在资金安全和支付风险。

（3）第三方收款平台。

跨境收汇款是由平台代替卖家，与银行对接完成跨境收款。整体交易流程是否安全、合规、简单、顺畅，会直接关系到跨境电子商务卖家的收益。跨境电子商务卖家在选择收款支付公司的时候，需要考虑的要素除了费率（缴纳费用的比例）外，还有安全、合规和支付资质等。相关机构主要有PingPong、Payoneer、WorldFirst、LianLianPay、PayPal等。

① PingPong。

PingPong集团于2015年正式成立，是中国首家跨境收款企业。2017年9月，PingPong成为第一家获得欧洲支付牌照的中国民营企业。2020年，PingPong交易规模超过千亿元人民币，业务覆盖100多个国家和地区，适用人群广泛。

费用：注册和持有PingPong账户不会产生任何费用。具体费用按电商平台站点所对应币种（美元、日元）计算。比如卖家想要提现1000美元，卖家最终收到的人民币为：1000×（1-1%）×汇结时点的美元现汇买入价。

优势：是新蛋、亚马逊官方后台推荐收款方式，中美双边合规，可以保障交易的安全；费率比较低；到账速度较快，正常为1~3个工作日，最快当天到账；提供全方位的跨境增值服务，包括跨境收款、全球收单、供应链金融服务、虚拟银行卡服务、VAT服务、退税服务等。

② Payoneer。

Payoneer成立于2005年，金融总部设在美国纽约，是万事达卡国际组织授权的具有发卡资格的机构，是主流跨境电子商务平台收款通道之一。Payoneer有400万全球用户，使用Payoneer的中国电商卖家超过10万家。Payoneer下发资金超50亿元人民币，合作平台超3500个，覆盖国家和地区超200个。

费用：注册Payoneer账户是免费的，具体费用结构为账户管理年费＋入账手续费＋提现手续费，具体如表8-1所示。

表 8-1　Payoneer 手续费用说明

项目	明细	收费	优惠说明
账户管理年费	Payoneer 账户、预付万事达卡、欧/美收款账户	免费~29.95 美元/年	Payoneer 账户免年费，"Payoneer 账户+预付万事达卡"收取 29.95 美元/年
入账手续费	美国、欧洲银行入账	欧元、英镑免费，美元 1%	累计入账 20 万美元，入账免费
提现手续费	人民币结汇、外币电汇	1%~2%	累计入账 50 万美元，提现降低为 1.8%；累计入账 100 万美元，提现降低为 1.5%；累计入账 150 万美元，提现降低为 1.2%；累计入账 300 万美元，提现降低为 1%
	万事达卡	免费~3.15 美元/笔	POS 刷卡免费，ATM 单笔 3.15 美元；汇损不超过万事达卡市场汇率的 3%；不推荐日常使用，可在境外旅游或者急需资金时使用

优势：注册便捷，用中国身份证即可完成 Payoneer 账户在线注册，并自动绑定美国银行账户和欧洲银行账户；合规，中国跨境电子商务卖家像欧美企业一样接收欧美公司的汇款，并通过 Payoneer 和中国支付公司的合作完成线上的外汇申报和结汇；手续费低。

③ WorldFirst（万里汇）。

WorldFirst 是 2004 年创立于英国伦敦的国际汇款公司，后被蚂蚁金服收购，目前支持支付宝快捷注册、提现到支付宝等。个人或公司身份均可申请 WorldFirst 账户，提现会打款到卖家的法人账户或对公银行卡内。

费用：开通账户无须付费，并且不收取资金入账费或月费。一般只有款项进入 WorldFirst，从 WorldFirst 提取时会收取一定的费用，具体费用如图 8-3 所示。

现有客户
- 若原费率高于 1%，系统将自动将费率调整至 1%；若原费率低于或等于 1%，费率将维持不变。
- 优惠费率仅适用于美金、英镑或欧元转换成人民币，并且每笔转账金额不少于 250 元美金或等值其他货币。

新客户
- 新客户将可享受 1% 费率封顶的 WorldFirst 尊享费率。
- 1%WorldFirst 尊享费率为收取的唯一费用，无月费、手续费、入账费等其他任何费用。

图 8-3　WorldFirst 手续费说明

优势：老牌的收款公司，亚马逊全球开店官方推荐的收款方式，可以保障交易的安全；WorldFirst 到账速度快，一般 1~3 天就能到账；支持的币种较多，比如美元、欧元、英镑和加元等。

④ LianLian Pay（连连支付）。

连连支付全称是连连银通电子支付有限公司（以下简称连连银通），是连连集团旗下全资子公司，属于浙江省级高新企业，成立于 2003 年，注册资金为 3.25 亿元，是专业的第三方支付机构、中国行业支付解决方案提供商。经过多年发展，连连支付先后获得 60 多张全球范围支付牌照及相关资质，支持 60 多家跨境电子商务平台和独立站，具有 60 余个站点的跨境收款功能，覆盖全球 100 多个国家和地区。

费用：商户使用连连银通提供的支付服务及软件系统等，须向连连银通支付交易服务费；服务费按商户通过连连银通成功交易的金额或笔数收取。

优势：支付流程缩短，无须跳转，无须注册，无须登录，能够帮助商户进行持卡用户的身份验证，确定用户真实信息，并且根据商户需求定制开发，提高用户体验，支持以人民币、美元、港币等币种的全球结算。

⑤ PayPal。

PayPal 于 1998 年成立，是美国较大的在线支付提供商，全球注册用户超过 2 亿。目前 PayPal 业务覆盖 200 多个国家和地区，支持 25 种货币。

费用：使用 PayPal 支付时会直接从卡里面扣钱，PayPal 平台不会收取任何手续费，但是如果通过 PayPal 平台进行收款，则需要向 PayPal 平台支付一定比例的手续费，具体如图 8-4 所示。除此之外，还有一些其他的费用需要支付，比如争议解决费、退单费等。

商业交易费	货币兑换费	提现手续费
• 费率：4.40% • 固定费用：固定费用按照具体的币种进行计算，比如美国地区的固定费用为 0.30 美元 • 其他地区固定费用查询官网	PayPal 支持多种币种的兑换，当用户收款、提现或者转账时如果涉及不同币种的兑换，PayPal 即收取当前汇率加价 2.5% 的货币兑换费	• 电汇至中国大陆地区银行账户，出款币种为美元，每笔收取 35 美元手续费。 • 提现至香港地区银行账户，出款币种为港币，1000 港元以上免费；1000 港元以下每笔收取 3.50 港元手续费。 • 提现至美国银行账户，出款币种为美元，每笔收取 35 美元手续费。 • 通过支票提现，出款币种为美元，每笔收取 5 美元手续费。

图 8-4　PayPal 手续费说明

优势：可实现网上自动化支付清算，可有效提高运营效率，拥有多种功能强大的商家工具。

⑥ 亚马逊收款方式对比。

亚马逊收款方式对比如表 8-2 所示。

表 8-2　亚马逊收款方式对比

收款方式	WorldFirst	Payoneer	PingPong
申请资质	个人/公司身份均可	个人/公司身份均可	公司身份可申请
手续费	0.3%费率封顶，无开户费，无管理费，无年费	有卡账户有卡片管理费29.95美元，无卡账户免管理费	无入账费、管理费。所有客户每笔提款收取1%手续费，无汇损及其他费用
提现到账时间	$T+0$ 天	$T+0$ 天	$T+0$ 天
提现费率	1% 封顶	1.2% 封顶	1% 封顶
安全性	老牌支付公司，拥有美国、中国香港、国内合作商支付牌照，安全有保障	持有美国 Money Transmitter 执照，并由 FinCEN（Money Service Business，货币服务企业）以及万事达卡国际组织授权的服务商，有美国、中国香港、日本、国内合作商支付牌照	在纽约注册的金融服务子公司（PingPong Global Solutions），接受美国金融犯罪执法局（FinCEN）的监管，拥有美国、中国香港、日本、国内合作商支付牌照

2. 国际信用卡

跨境电子商务网站可通过与 Visa、MasterCard 等国际信用卡组织合作，或直接与海外银行合作，开通支持海外银行信用卡支付的端口。目前国际上五大信用卡品牌 Visa、MasterCard、AmericanExpress、JCB、Diners Club 中，前两个使用广泛。

1）优缺点

优点：国际主流支付方式之一，是卖家拓展市场的一种有效方式；交易更加安全，信用卡收款的第三方支付机构都是和银行及信用卡组织进行合作，所以除了第三方支付机构自身的风险控制系统外，还有强大的银行风险控制系统和信用卡组织的信用卡数据库作为保障，最大限度地保证交易的安全性。

缺点：卖家接入方式麻烦，需预存保证金，交易手续费较高。

2）适用范围

国际信用卡适合从事跨境电子商务零售的平台和独立 B2C 企业使用。

二、跨境电子商务支付结算风险

（1）第三方支付机构国际收支申报不规范增加监管难度。

根据规定，支付机构须自行向银行申报涉外收支数据。一方面，根据规定，支付机构从事跨境交易业务人员至少有 5 年外汇交易经验，但在实际操作中，从事外汇业务人员的经验存在差异，而且支付机构跨境业务面对众多的商户及客户群体，交易类型以小额多笔居多，就每一笔交易进行申报成本高、工作量大，漏报、迟报现象难以避免，银行从支付机构端获得的外汇收支信息不能保证准确有效。

另一方面，由于对支付机构上报的跨境交易类型的编码规定不严格，加之受银行业务人员素质所限，在银行无法直接审验单据的情况下，交易编码使用存在随意性，难以做到有针对性地、全面地监管跨境业务。

（2）汇率及汇损风险。

在跨境电子商务支付方式中，国际支付宝、PayPal、Visa信用卡等支付方式都需要交付一定的手续费。例如，PayPal交易手续费一般为2.9%~3.9%，如果跨境交易，会产生每笔0.5%的跨境费，提现时还需要额外收取费用。而第三方支付机构、银行等机构提供的跨境电子商务交付服务，费率大概是在1%左右，总体收费水平较高。同时，在跨境电子商务支付过程中，在买家付款后卖家收到货款之前，国际汇率变动会直接影响到资金的实际购买力。支付机构收到资金后，会以"T+1"工作日进行结售汇。

> **阅读材料**
>
> **可开设境外公司账户的海外银行**
>
> 新加坡银行账户：可以远程视频开户。
>
> 内地离岸账户：开NRA（non-resident account，境外机构境内外汇）账户的较多。
>
> 香港银行账户：部分银行可远程开户。
>
> 瑞士CIM银行（CIM Banque）账户：远程视频开户，可开设瑞士CIM公司账户和个人账户。

8.2 税务管理

税务是影响企业或卖家利润的关键因素之一，卖家应积极了解业务中涉及的基本税务知识，做好税务规划。

一、跨境税务分类

（一）跨境电子商务进口税务

1. 关税

跨境电子商务企业或卖家一般会将商品出口至不同市场进行销售，因此关税是无法避免的一个税项，但每个国家或地区的关税政策会有所不同，因此跨境电子商务企业或卖家在出海销售时，应密切留意相关国家，如欧盟国家、美国进口关税的具体政策和变化。

1）欧盟国家

欧盟国家统一制定了共同贸易政策。该政策是由欧盟成员国统一执行的、针对第三国的共同海关税则以及贸易政策，因此无论是哪个国家进口至欧盟国家，进口关税都是一致的。

2）美国

美国相关部门规定，第三方国家或地区的货品可从价（货值的百分比），也可从量（单位美元/分）计征进口关税。近几年的中美贸易谈判也不断影响着双方进出口关税的税率。

2. 进口增值税

进口增值税是指进口环节征缴的增值税，属于流转税的一种。从计税原理上而言，增值税是对商品生产、流通、劳务服务中多个环节的新增价值或商品附加值征收的一种流转税。对于跨境电子商务而言，增值税基本上会反映在商品货物的定价上，也可以说消费者是增值税的最终承担者。因此，对于这一部分，企业需要注意不同市场的政策，及时合理调整货品价格。

增值税是以商品或服务在流转过程中产生的增值额作为计税依据而征收的一种税。虽然中国香港不设增值税，但在销售到其他国家或地区时，当地可能会征收增值税。

3. 销售流转税

销售流转税是指货物销售后需要缴纳的税种，是以货物在流转的过程中产生的增值额作为计税依据而征收的一种流转税。

4. 所得税

所得税一般分为企业所得税和个人所得税。所得税根据企业实际经营的利润，乘以不同的所得税税率，进行纳税。电商卖家需要根据不同的主体性质，如企业或个人，在目标国或本国缴纳相应的所得税。

（二）跨境电子商务出口税务

跨境电子商务出口税务是指出口国（或地区）海关在本国（或地区）产品输往境外时对出口商品征税的业务。出口税的征税对象不限于作为商品流通的进出口外贸货物，也包括个人携带托运或者邮寄的货物。但由于开征出口税会增加国内商品在海外市场销售的价格，存在降低竞争力的问题，因此有部分国家和地区会出台免征出口税的政策，但较多的国家和地区通过出口退税来提升本国商品的国际竞争力。

出口退税指的是对出口货物退还其在境内生产和流通环节实际缴纳的增值税、消费税。

二、跨境电子商务出口税务风险处理

1. 跨境电子商务出口税务风险

目前跨境电子商务出口企业面临的税务风险主要涉及增值税、企业所得税和个人所得税中出现的问题。

1）缺少增值税进项发票

按照《中华人民共和国增值税暂行条例》和税务部门的有关规定，出口环节若没有增值税进项发票，不但无法完成退税，反而需缴纳13%的增值税。诸多跨境电子商务企业，只要采购的是无票货物，就都无法正常报关出口和收汇，只能采用0110买单出口或者1039市场采购等方式解决出口通关问题。

2）未合规缴纳

按照《中华人民共和国企业所得税法》的规定，居民企业应当就其来源于中国境内、境外的所得缴纳企业所得税。企业所得税的税率为25%。目前跨境电子商务属于外贸新业态，因此国家在第三方收款机构的税收申报方面的规定与细则尚未完备，跨境电子商务卖家需要提高税务意识，尽早采用合规的方式进行跨境电子商务收入的税务申报。

2. 税务合规风险处理

跨境电子商务板块对于国家来说有重要的战略意义，国家要在鼓励支持的基础上，逐步引导企业不断合规，在合规的情况下降低税负。采用海关9610/9710/9810通关模式申报，是享受无票免征和核定征收政策的首要前提。

1）无票免征解决增值税问题

根据《财政部　税务总局　商务部　海关总署关于跨境电子商务综合试验区零售出口货物税收政策的通知》（财税〔2018〕103号）规定，通过综试区所在地海关办理电子商务出口申报手续，即可免征出口环节增值税和消费税。

2）核定征收解决企业所得税问题

根据《国家税务总局　关于跨境电子商务综合试验区零售出口企业所得税核定征收有关问题的公告》（国家税务总局公告2019年第36号），综试区内核定征收的跨境电子商务企业应准确核算收入总额，并采用应税所得率方式核定征收企业所得税，应税所得率统一按照4%确定。

阅读材料

跨境电子商务综合试验区内的跨境电子商务零售出口货物有关税收政策

对综试区电子商务出口企业出口未取得有效进货凭证的货物，同时符合下列条件的，试行增值税、消费税免税政策：

1. 电子商务出口企业在综试区注册，并在注册地跨境电子商务线上综合服务平台登记出口日期、货物名称、计量单位、数量、单价、金额。
2. 出口货物通过综试区所在地海关办理电子商务出口申报手续。
3. 出口货物不属于财政部和国家税务总局根据国务院决定明确取消出口退（免）税的货物。

想一想

在跨境电子商务的交易中，主要涉及哪些税务种类？

8.3　金融服务

电商金融泛指电商提供的互联网支付货币、互联网信贷、预售订单融资、跨界合作金融、货币汇兑、账户预存款、中间业务、移动支付等。跨境电子商务金融服务包括跨境收款支付、信贷保险、境外银行账户、供应链金融等。根据亿邦智库跨境电子商务调研数据显示，在跨境电子商务企业金融服务需求中，外汇结算、融资和海外收款排名前三，如图 8-5 所示。

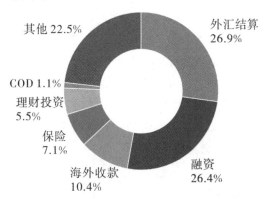

图 8-5　中国跨境电商卖家金融服务需求类型分布

一、外汇结算

目前企业对外汇波动的应对偏落后，如图 8-6 所示，仅有 13.7% 的跨境电子商务卖家认为汇率的波动对公司财务影响不大，而有 53.3% 的跨境电子商务卖家认为外汇的波动对公司财务影响一般；在缓解外汇波动影响的举措上，有 84.6% 的跨境电子商务卖家只是采用经验判断乃至被动接受的应对方法。目前跨境电子商务企业的金融服务配备有待进一步的升级。

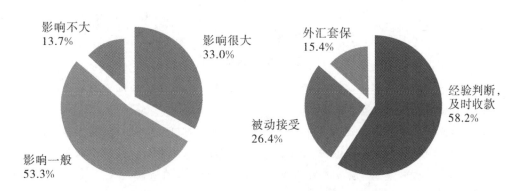

（a）外汇汇率波动对公司财务的影响程度　　　（b）缓解外汇波动影响的举措

图 8-6　外汇结算调研情况
（来源：亿邦智库跨境电子商务调研）

二、融资

截至 2020 年末，跨境电子商务平台上的服务中小电商企业客户有 20 多万家，这些企业大多有贸易融资需求，但是目前金融机构的贸易融资产品大多基于贸易结算，如国际信用证、福费廷、保函项下融资等，一方面，对于 B2C、C2C 的跨境电子商务平台来说产品单一、金融受限；另一方面，为跨境电子商务企业量体裁衣的贸易融资产品和金融服务寥寥无几，企业急需基于跨境电子商务企业特点的融资产品，以补充现金流及延长付款的账期。

三、跨境收款

目前跨境电子商务在收付款结算方面存在直接的金融服务需求，跨境电子商务收款通常通过电汇由付款人直接付款到收款人海外银行账户，但是大部分中小企业、卖家无法大规模在海外开设对公账户。此外，传统的收款模式往往需要中转多家中间行，时间长、收费贵，对于小额高频的收款需求无法满足。因此，无论是B2B的跨境电子商务还是B2C的跨境电子商务，更多使用第三方支付平台进行结算。如图8-7所示，使用第三方收款工具收款的卖家占比50.5%。

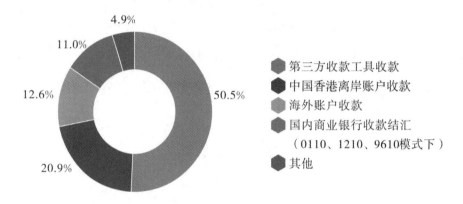

图8-7　中国跨境电商卖家主要收款渠道分布

知识加油站

国际贸易融资

国际贸易融资可根据不同类目进行划分。按照资金来源，国际贸易融资包括一般性贸易融资和政策性贸易融资。

按有无抵押品划分，国际贸易融资主要分为无抵押贷款和抵押贷款。其中，无抵押贷款也称信用贷款，是企业凭借自身信用作为担保的贷款，适用于信用良好、无不良记录的商家。抵押贷款需要抵押品，适合风险较大的项目。

实训演练

任务背景

在店长负责的跨境电子商务出口服装网店中，每天都会收到许多海外客户的订单，需要处理交易咨询，并在客户下单之后，及时跟进对方的支付情况，进行发货和后续的操作。

最近，公司打算开设出口服装网销业务，需要进行开店准备。请你根据本章所学的知识，分析商品在成交过程中涉及的金融、支付等相关步骤。

任务分析

在跨境电子商务出口环节，主要涉及支付的国外账户收款问题，需要通过第三方支付的服务商解决。

在跨境电子商务进口的过程中，收款人主要是国内买家，钱款交易相对方便，但需要处理好海关税收等问题，将商品的价格按税率增加等。

任务实施

1. 根据店铺的跨境电子商务进出口分类，以及所从事的行业种类，查阅并确定相应的支付、税收、金融保险等政策。
2. 在账号设置的支付方式中，选择本次交易要使用的服务与顾客进行交易。
3. 根据店铺的实际要求，在金融、保险等资金服务中，选择合适的内容与服务商。
4. 根据海关和平台要求，为商品确定税率，并及时缴纳税款。
5. 完成跟进支付、确认收货、税款缴纳等事项，完成本次的订单交易。

本章练习

一、选择题

1. 下列选项中，不属于电子商务平台向商家收费的项目的是（   ）。

A. 电费

B. 技术通信费

C. 平台月费

D. 交易佣金

2. 对非个人企业跨界进口商品的，按照关税一般进口货物的规定征收的税种有（   ）。

A. 关税、进口环节增值税和消费税

B. 关税、一般物品增值税、消费税

C. 进口税、增值税、消费税

D. 关税、增值税、消费税

3. 跨境收汇款是由平台代替卖家，与（   ）对接完成跨境收款。

A. 顾客　　　　　　B. 银行

C. 支付平台　　　　D. 经营平台

二、简答题

1. 什么是第三方支付？
2. 简述第三方支付的优缺点。

第9章
跨境电子商务服务商选择

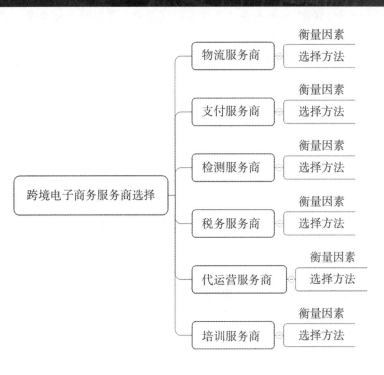

学习目标

【知识目标】
1. 了解基本的服务商类型。
2. 掌握选择服务商的办法。

【技能目标】
1. 能分析选择不同服务商的衡量因素。
2. 能识别出优质的服务商。

【思政目标】
1. 树立诚实守信的企业经营观念。
2. 了解风险防控理念,树立资金安全意识。

引导案例

2021年4月23日,美国新蛋集团与中国500强企业中基宁波集团,在"宁波跨境供应链品牌打造交流会"上达成战略合作,成立中基-新蛋宁波运营中心。中基宁波集团是一家综合性的现代服务贸易企业,企业经营业务涵盖出口贸易、大宗进口、产业链运营、汽车销售等多个板块。2013年,中基宁波集团推出了"互联网+外贸"的"中基惠通"外贸服务平台,之后又增加了物流、跨境电子商务等服务,成功构建了集"互联网+外贸+物流+金融+跨境电子商务+海外仓"等为一体的线上、线下深度融合的外贸综合服务生态闭环,为客户提供通关、外汇、出口信保、物流、退税、广交会摊位及融资、汇率避险等各项服务。

中基-新蛋宁波运营中心的成立将成为新蛋中国区域战略拓展上重要的一大步,日后运营中心将从供应链管理、品牌运营、流量推广、物流仓储等方面出发,为广大企业提供定制化的产品和服务,不仅可以获得新蛋提供的极速开店、流量扶持等福利,还能享受中基宁波集团的通关、退税、融资等一站式服务,在一定程度上弥补了国际电商平台在宁波落地开展业务的空白,更好地助力宁波打造多环节、全链路的跨境电子商务生态圈。

结合案例,思考并回答以下问题:
(1)跨境电子商务服务商对于卖家来说有哪些重要作用?
(2)在跨境电子商务运营的过程中,该如何选择服务商?

9.1 物流服务商

2020年以来,为支持通过跨境电子商务渠道缓解疫情带来的市场成交压力,国家高频出台政策,为跨境物流产业增设多种运力渠道,为跨境电子商务提供广阔的上升空间。2018—2020年间，国家陆续出台各项政策，如2018年发布《国家发展改革委交通运输部关于印发＜国家物流枢纽布局和建设规划＞的通知》，2020发布《交通运输部 商务部 海关总署 国家铁路局 中国民用航空局 国家邮政局 中国国家铁路集团有限公司关于当前更好服务稳外贸工作的通知》等，在加强行业监督的同时，鼓励寄递服务产业上下游融合，共同完善跨境物流网络体系，探索新的业务模式，为市场注入新动力，使跨境电子商务服务商蓬勃发展。

一、衡量因素

1. 物流模式

跨境电子商务的出口主要通过直邮和海外仓两种途径。跨境电子商务物流的直邮模式涵盖国际商业快递、跨境专线物流及邮政小包三大类。

1）国际商业快递

国际商业快递公司利用自身建设的全球网络、IT信息系统等为客户提供时效快、包裹妥投率高、完整性好的极致物流服务。但国际商业快递收费一般较为昂贵，适用于对时效性要求苛刻、货值高的货品配送。

国际商业快递公司主要是指UPS、FeDex、DHL这三大物流巨头。国际商业快递对信息的提供、收集与管理有很高的要求，以全球自建网络以及国际化信息系统为支撑。

优势：速度快，服务好，丢包率低，尤其是发往欧美发达国家非常方便。

劣势：价格昂贵，且价格资费变化较大。

2）跨境专线物流

跨境专线物流指国内具备国际运输资质的物流公司，通过专线物流向国外运输货物，然后与目的国的国内运输公司合作，将商品配送给消费者。这种模式是当前跨境电子商务物流中较为流行的一种模式。

目前，跨境电子商务中最主要的专线物流有美国专线、欧洲专线、澳洲专线和俄罗斯专线。这些专线物流通常是通过空运将货物运输到国外目的地，再与当地物流公司合作，将商品派送给消费者。

优势：能实现某一地区或国家的规模化运输，降低运输成本，因此专线物流的收费也比国际商业快递低，与邮政小包相比较速度快、丢包率低。

劣势：运费比邮政小包高，国内揽收点少，物流线路少，覆盖范围有限。

3）邮政小包

邮政小包又叫中国邮政航空小包，是中国邮政开展的一项国际、国内邮政小包业务服务，属于邮政航空小包的范畴，是一项经济实惠的国际快件服务项目，可寄达全球230多个国家和地区各个邮政网点。

优势：邮政物流网络覆盖面较广，基本覆盖全球，这是其他物流公司所达不到的，并且价格便宜。

劣势：一般以私人包裹的方式出境，不便海关统计；运输速度较慢，丢包率高，容易引发客户纠纷。

4）海外仓

海外仓是指建立在海外的仓储设施。跨境电子商务企业按照一般贸易方式，将货品批量出口到境外仓库，电子商务平台完成销售后，再将货品送达境外的消费者手中。

对于海外仓，商家的可选择性较小，一般商家需要根据平台进行选择。当然，卖家也可以选择将所有库存都集中在一个平台的海外仓，这样既节省目的地运输成本，也便于管理，如新蛋的海外仓除了为自身平台提供服务外，也为其他主要平台提供仓储及配送服务。

优势：从海外仓发货，物流成本低于从中国境内发货；从海外仓发货，可以节省报关清关所用的时间，大大地缩短了运输时间，增加了物流的时效性，缩短了收货的时间；退货、换货、重发等情况，在海外仓内便可调整，大大增加了物流的时效性。

劣势：需要支付海外仓储费，不同的国家所收取的仓储成本费用也不同，所以卖家一定要计算好成本再选择海外仓；海外仓储对卖家要有一定的库存量，特别是一些定制的产品，不适合选择海外仓储销售；设立海外仓要面对重重本土化挑战。

2. 清关能力

在跨境物流过程中，清关是非常重要的环节。无论哪种物流模式，都需要面临清关问题。如果该环节出现问题，那么商品就会面临被海关扣押或者退回的风险。在清关环节中，出口商品的种类、资质、税务都会影响到报关要求。因此，掌握报关要求才能提高清关能力，确保商品加快送到国外的消费者手中，从而提高用户体验。

物流服务商通常会与有实力的报关企业合作，报关企业的实力体现在企业的认证级别上，最高级别是 AEO 高级企业认证。这类报关企业在报关时手续简化、检验率低，还享有报关手续的优惠待遇。物流服务商应优先选择认证级高的报关企业。

3. 跨境运输能力

运输是物流的核心环节，物流服务商的运输能力直接关系着商品的安全和配送的速度。选择物流服务商时，需要重点考察其运输能力，包括运输方式、线路资源、运输网覆盖能力、是否有优先位置支持等因素。优秀的物流服务商具备丰富的物流资源，并且能够高效整合这些资源，提高运输的效率，降低物流成本。

4. 仓储服务与操作能力

仓库运行能力将直接影响到交货的准确性和及时性、峰值订单处理能力。仓储必须具有完善的对接功能、实时监控过程功能、库存反馈预警功能等功能，以保证对库存状态和运行的整体控制。除了仓库的操作能力，能提供长期稳定的物流服务也是服务经营者的重要标准。

二、选择方法

跨境电子商务卖家在选择物流服务商时，需要从物流时效、物流服务、物流价格等方面考虑，这些将影响到卖家的服务、营销计划、可得利润等。

1. 根据产品选择物流公司

跨境电子商务卖家可以根据不同的产品特性来选择物流公司，比如重量小、价格低的货物适合采用国际小包，因为国际小包费用低廉，适用于 2kg 以下的小型包裹；如果产品体积和重量较大，可以选择国际商业快递和国际专线物流，这些物流服务商具备大型货物的运输能力；如果是贵重物品，那么可以选择国际商业快递，时效快，且安全稳定。

特殊商品还需要选择特殊的物流渠道。如化妆品、电池产品、食品、液体、书籍等商品，这些产品属于特殊商品，一般物流渠道不能自接运寄，需要走正式申报通道，而非通常的快递便捷通道。

2. 根据运费选择物流公司

运费的高低也是影响跨境物流的重要因素。高运费会导致很多消费者对跨境商品望而却步，因此跨境电子商务卖家需要了解物流服务商的费用。很多商家会觉得运费越低越好，这样可以吸引消费者购买，控制销售成本，提高利润空间。实际上，运费并非越低越好，因为价格便宜的物流服务商可能服务质量也会随之下降，所以跨境电子商务卖家要根据物流服务商的服务质量和报价综合来选择物流服务商。

3. 根据物流时效性选择物流公司

在预计的成本和收货时间内，跨境电子商务卖家可以选择时效高的物流企业。物流企业的时效性在销售淡季时出现的问题可能不太明显，但是一到销售旺季，很多物流企业会出现爆仓和货物积压的问题，时效性会大大降低。因此，跨境电子商务卖家在选择物流服务商时，要对物流服务商旺季的物流方案进行了解，避免因物流问题影响店铺的销售和客户服务。

4. 根据服务水平选择物流公司

服务水平也是一个非常重要的因素，是衡量一个企业的重要标准。对于物流服务商来说，其服务水平表现在物流服务、操作水平、赔付处理、突发事件应对等上。跨境电子商务卖家在选择物流服务商时，可以根据物流公司在这些方面的表现，经综合评价决定。

知识加油站

第三方跨境电子商务物流服务商

1. 燕文物流

燕文物流于 1998 年成立，是中国跨境电子商务物流综合服务商，在全国近 50 个城市提供直营服务，跨境物流线路通达全球 200 多个国家和地区，凭借自主研发的作业系统和智能物流设备构建科技物流体系，打造一个适合全球电商发展的全球电商物流服务网。

2. 递四方

递四方始建于 2004 年 6 月，是一家专业的国际速递公共平台运营商，为客户和合作伙伴提供国际速递渠道及系统平台服务。递四方通过自身 IT 资源优势，打造全球包裹递送网络（GPN）及全球订单履约网络（GFN）信息网络，并基于此为跨境电子商务卖家提供全球订单履约服务、仓储与物流管理系统服务、全球退件解决方案、全球包裹直发服务以及全球转运进口服务五类衍生服务。

3. 纵腾集团

纵腾集团成立于2009年，成立前期以跨境电子商务贸易业务为主，2013年获得eBay最佳GMV大奖。2014年，纵腾集团逐步进行业务转型，向跨境电子商务物流服务商不断演变。截至目前，纵腾集团形成重点覆盖欧美、涉足六大洲的跨境电子商务物流网络体系，并拥有跨境专线"云途"及海外仓"谷仓"等物流服务品牌。纵腾集团通过跨境电子商务卖家向跨境物流行业进行渗透，逐步实现外贸商向行业垂直服务商转型，成为国内目前领先的跨境电子商务物流服务商之一。

◎ 想一想

A企业是我国一家小型化妆品类跨境企业，主要销售产品为高档化妆品，主要销售平台为亚马逊，销售目标市场为美国。请思考该企业在选择物流服务商时需要考虑哪些因素？

9.2 支付服务商

随着跨境电子商务快速发展，跨境支付的重要性将愈加凸显，这是跨境出口电商的核心利益所在。以不同跨境支付方式合作的平台和使用范围不同，手续费、交易时间、支付流程、数据风险以及合作门槛等都存在差异。

一、衡量因素

跨境电子商务在回款方面会受很多因素的影响，比如汇率变动、汇结方式。除此之外，与国内电子商务卖家相比，跨境回款提款费率高、资金周转慢。因此，跨境电子商务卖家在选择支付服务商时，需要考虑支付使用成本。支付使用成本包括时间成本和资金成本两部分。其中时间成本是指回款的速度，资金成本包括手续费、汇率等。

1. 费率优惠度

跨境支付服务的手续费对卖家的收益影响巨大。为了确保费率的透明度和优惠性，有些平台的收款服务制定了"阶梯定价"模式，费用透明。阶梯定价是指根据卖家过去连续12个月区间内的净销售额所在阶梯，给予相应的优惠费率，并在每月自动更新。阶梯定价比固定的费率更有优势，随着卖家的净销售额增长，卖家每个月都有机会获得更优惠的费率阶梯，这在很大程度上降低了卖家的收款成本，也在无形中提升了卖家的积极性。

2. 便利性

卖家对操作便利性也较为关注。在有些支付服务商的收款服务当中，卖家可以直接在跨境电子商务卖家后台管理全球收款，而且可以使用国内银行账户以人民币接受全球付款。这种服务覆盖海外多个站点，并且款项于结款日自动转出，最快1个工作日即可入账在卖家后台绑定的人民币账户，一步到位，确保卖家资金回流快且稳定。

3. 安全性与稳定性

收款的安全性和稳定性一直是跨境电子商务卖家关注的重点。相比国内交易，跨境交易是涉及跨区域、跨国家的贸易，需考虑不同币别、汇率等诸多问题，流程相对复杂。因此，需要跨境电子商务支付服务商提供一些支付安全的技术服务，并且支付服务商持有支付牌照，经由合规监管，使每一笔交易都可溯源，使资金安全性得到最大限度的保障。

二、选择方法

跨境电子商务卖家一般根据收款方式选择支付服务商。

跨境电子商务出口收款方式大致可分为银行间直接支付和第三方支付机构间接支付两种。

1）银行间直接支付

银行间直接支付是指跨境电子商务平台与跨境买卖双方开设账户的商业银行直连，通过平台对接的银行入口进行支付结算。银行间系统直连能够从根本上保障支付数据的安全。就跨境电子商务出口收款，还可将银行间直接支付细分为境外银行外币账户收款、境内银行经常项目外汇账户收款、跨境人民币账户收款。

①境外银行外币账户收款。

优势：可以直接将外币留存于境外使用，避免了一定的资金汇兑风险。

劣势：相比国内账户，境内卖家在境外开立账户的手续相对烦琐，例如在境外注册公司并向外汇管理部门提交申请审批。

②境内银行经常项目外汇账户收款。

境内卖家可根据自身经营情况在境内银行开立单位或个人外汇账户。开立个人外汇账户，个人结汇和购汇的年度总额分别有等值5万美元的限制。

优势：设立此类账户相比设立境外银行账户更为简便，适用较为广泛，资金的安全有保障，便于中小企业或个人开展跨境电子商务业务。

劣势：境内银行账户将受到严格的外汇监管限制，例如纳入外汇核销管理、需要提供外汇核销单、跨境结算资金需进入待核查账户。

③跨境人民币账户收款。

通过设立此类账户，境内卖家可获得境内外银行间直接的人民币结算业务，无须纳入外汇核销管理，跨境结算的人民币无须进入待核查账户，境内卖家与境外买家以人民币为交易币种订立订单，以人民币价格进行报关。

2）第三方支付机构间接支付

第三方支付机构在跨境电子商务零售进出口业务模式下是指根据中国人民银行《非金融机构支付服务管理办法》的规定取得支付业务许可证、在收付款人之间作为中介机构提供全部或部分货币资金转移服务的非银行机构，例如支付宝、微信支付等。

通过第三方支付机构通道收款的模式，资金流和信息流颇为复杂。第三方支付机构在对应的银行有一个专用的备付金账户，境外买家付款后，货款先到达第三方支付机构的上述专用备付金账户，买家确认收货之后第三方支付机构再从备付金账户里打款给境内卖家的账户，例如全球速卖通平台上绑定了第三方支付机构——国际支付宝。

知识加油站

支付服务商许可证

跨境支付公司必须取得相应的许可证才能从事相关业务，而且做跨境的支付服务商一般都在国内做支付相关业务。有充分的支付业务经验和人才储备才会从事跨境支付业务。许可证一般包括如下几种：

1. 中华人民共和国支付业务许可证。
2. 跨境人民币结算业务许可证。
3. 跨境外汇支付业务许可证。

想一想

B企业是我国一家大型数码类综合跨境企业，主要销售平台为全球速卖通，销售目标市场为欧美。请思考该企业应该根据哪些因素选择支付服务商？

9.3 检测服务商

我国跨境商家在海外平台上开展跨境电子商务业务，需要考虑出口商品是否符合海外销售地的法律法规，获取相应的产品检测资质。除了当地的法律法规外，不同的跨境电子商务平台对不同类目的商品，也会有其特定的要求。因此，跨境电子商务卖家需要选择一定的检测服务商来避免这些问题的出现。

一、衡量因素

1. 服务商资质和规模

一般情况下，卖家最好选择大型正规的检测机构。规模较大的检测机构，检测报告使用范围比较广。卖家可以通过参观检测机构观察其是否有独立的实验室、实验室仪器是否齐全，过滤掉不合规的公司。只有取得国家认监委或地方质监部门颁发的正式资质认定证书，能够向社会出具有法律效力证明的数据和结果，才是合法的检测机构。

2. 检测成本

综合实验的复杂程度，对整体检测进行估价，不要一味追求低价。卖家需考虑数据、实验的真实性等因素。

二、选择方法

1. 根据产品选择

不同的产品需要的检测资质不同,跨境出口商家可以根据自身产品选择检测服务商。例如,儿童产品出口通常都需要进行检测和认证,需要商家提供营业执照、法人证件、店铺信息和产品信息,等所有信息检测合格后才可以在目标市场进行销售。跨境商家可以选择与专门检测儿童产品的服务商合作,由其代为办理检测和认证。

2. 根据市场选择

不同的国家和地区对产品资质的要求也不一样,商家选择检测服务商时也可以根据目标市场来选择。例如,国内电商大多数产品出口欧盟都需要打 CE/UKCA 标志,包括无线产品类、无线通信类、电源类、家电类、电子类、通信类产品类、机械类、医疗器械类及玩具类等。只要产品涉及相关认证,无论产品带不带电都需要欧代(欧盟授权代表),都被要求提供欧代。这就需要跨境商家选择欧代检测服务商进行商品检测和资质认证。

> **知识加油站**
>
> 检测服务商机构介绍
>
> 1)SGS 检测合规服务商
>
> SGS(首页见图 9-1)是国际公认的检验、鉴定、测试和认证机构,拥有全球性服务网络,是质量和诚信基准。SGS 提供四种核心服务:检验、测试、认证、鉴定。
>
> SGS 的检测和验证服务包括转运时检查贸易商品的状况和重量,控制数量和质量,满足不同地区和市场的相关监管要求。SGS 全球测试设施网络配备专业人员,可对产品质量、安全和性能进行测试。SGS 通过认证能够证明产品、流程、系统或服务,符合国内和国际标准及规范,或客户定义的标准。
>
>
>
> 图 9-1　SGS 首页

2）GST 检测合规服务商

2020 年 6 月，GST 通过亚马逊审核，成为其官方平台认可的合规服务商，可为企业客户提供更具公信力的检测认证报告。GST 为亚马逊商家提供的服务区域涵盖美国、加拿大、德国、意大利、法国、英国和西班牙等地，可提供 CPSC 等授权认可的测试报告和证书，以及 CNAS 资质范围内的欧标及美标测试。

3）希科检测合规服务商

希科是亚马逊认可的第三方合规服务商之一，可为全球亚马逊卖家提供检测、认证等合规解决方案。希科已在爱尔兰、美国、韩国、英国、中国的北京和南京等地设立了分支机构，使用国际站点服务全球客户，帮助企业确认产品信息、质量及安全。希科依据 ISO/IEC 17025 建立实验室管理体系，拥有多台先进的检测仪器和设备，技术实力强。

4）倍达检测合规服务商

倍达（Beidor）是主要从事电子及电气产品安全、电磁兼容、有害物质及成品的分析测试认证和无线电通信认证测试的专业服务机构。目前，倍达与合作机构拥有相当规模的第三方检测实验室（严格按照国际实验室管理规范组织建立），获得众多国际认证机构的认可，拥有一批经验丰富的检测工程师。

5）精准通检测合规服务商

精准通已通过亚马逊的审核及认可，在供应链质量管理、验仓验货等环节提供电商品质服务。精准通先后获得了 CNAS、CMA、FCC、A2LA、IC、CPSC、IECEE 等机构的资质认可，并获得国家认监委 CCC 强制性产品检测实验室资质等。

> **想一想**
>
> 哪些行业的跨境电子商务企业需要检测服务商？

9.4 税务服务商

税务服务商提供包括增值税登记、增值税申报以及财务代理服务。税务服务商根据欧盟国家或地区申请的欧盟经济营运者注册和识别号（VAT）以及 EORI（economic operator registration and identification，报关号），帮助企业客户管理税务，包括报税、退税、维护税务记录、管理合规性文档等。

一、衡量因素

选择税务服务商时主要需要考虑税种和服务商资质 2 项因素。

1. 税种

跨境电子商务涉及多项税种，不同的税种可以选择不同的税务服务商。

（1）跨境电子商务关税。

关税是海关向出口商品过关境征的税收，不同的商品类别税率不同。

（2）跨境电子商务消费税。

消费税征税商品包括烟、酒、化妆品、首饰珠宝、鞭炮、成品油、摩托车、小汽车、汽车轮胎、高尔夫球具、高档手表、游艇等。

（3）跨境电子商务增值税。

跨境电子商务增值税是以商品或服务在流转过程中产生的增值额作为计税依据而征收的一种税。在欧洲境内，销售增值税（除特殊说明，下文简称增值税）由增值税注册商家就其在欧洲境内的销售进行征收，并向相关国家税务机关申报和缴纳。

（4）跨境电子商务综合税。

跨境电子商务综合税由进口关税和进口环节增值税税率综合计算所得。

2. 服务商资质

1）资质认证及经营执照

跨境电子商务卖家在选择税务服务公司之前，必须先查清其是否有认证资质。卖家应要求对方提供营业执照，并了解清楚对方是否在中国和目的市场国家都是合法正规经营，且持牌人是否有 ACC 证书等资料。

2）售后服务

专业正规的税务服务商会提供较为完善的售后服务，比如设置国外办事点为跨境电子商务卖家提供 24 小时的税务服务。而一些规模小的税务代理公司在国外没有办事处，注册后没有保障，记账报税服务质量不佳。另外，如果税务服务商内部缺少专业的会计师，税务出现问题后也会得不到解决。

二、选择方法

1. 根据税种选择

由于不同的商品需要办理的税务是不同的，跨境出口企业可以根据不同的税种来选择税务服务商。例如，Avalara 是一家税务管理 SaaS 解决方案供应商，致力于提供数以百计的连接器对接市面上主流的会计软件、ERP 和电商系统。Avalara 向客户提供全面、自动化和基于云技术的服务，有效达成税务合规要求，包括营业税、消费税和其他交易税种，是亚马逊的税务服务合作伙伴，业务覆盖美国和欧洲多个国家。

2. 根据平台选择

当前的几大跨境电子商务平台，亚马逊、Shopee、全球速卖通、Wish 都有自己的税务服务商，跨境商家可以根据平台来选择税务服务商。例如，亚马逊平台税务服务商是 AVASK。AVASK 是由会计师和税务专家组成的国际公司，从事全球电子商务扩张、国际税务、会计和商业咨询顾问服务，公司员工派驻各税务管辖区，并由一位地方专员协助工作；提供英语、汉语普通话、法语、西班牙语、意大利语和德语支持。选择亚马逊首选税务服务商后，跨境卖家即可开启增值税注册（或转移）流程。

知识加油站

税务服务商介绍

1. J&P

J&P 是英国皇家特许管理会计师公会认证的欧洲持牌会计师事务所，总部位于英国。J&P 在中国、欧洲等多个国家设有分部，拥有超过二十年经验的税务专家团队。J&P 设置了运营、商标专利及海外仓等专业团队，涵盖跨境电子商务八大服务领域，全球各地客户超过 20 000 家跨境电子商务企业。

2. 毕马威

毕马威（KPMG）成立于 1897 年，提供审计、税务和咨询等服务，是国际四大会计师事务所之一，服务网点遍布全球。毕马威在全球 150 多个国家拥有愈 162 000 名员工，毕马威国际合作组织的瑞士实体由各地独立成员组成。

想一想

跨境电子商务的税务服务商对跨境企业的发展有什么帮助？

9.5 代运营服务商

随着跨境电子商务企业运营规模的不断扩大，企业对店铺设计、推广、客服、仓储等多个运营环节的需求也不断增加。企业对于这些环节并不一定拥有专业的运营团队。此时，为了提升运营的专业度，提升企业运营质量，跨境商家可以选择与代运营服务商合作。

代运营服务商针对贸易企业的电子商务需求开展商业服务。跨境电子商务企业通过合同的方式，委托专业代运营服务商为其提供全部或部分电子商务运营服务，可以帮助有效地降低成本，获得专业服务，提高工作效率。

一、衡量因素

1. 店铺定位

跨境电子商务企业在选择代运营服务公司前，要清楚自己的店铺定位：如果初期店铺较小，不适合与有规模的大型代运营公司合作，可以选择顾问式代运营服务公司；有一定店铺基础、等级较高时，可以考虑大型的代运营服务公司。跨境电子商务公司要看店铺的综合潜力，根据实际情况选择匹配的代运营服务公司。

2. 服务商资质

卖家要了解服务商的基本情况、团队成员，现有店铺的运作情况，本行业类目，以及运营的思路等。卖家根据店铺情况、货源稳定性等进行详细分析，结合实际决定是否合作。

选择有信誉的代运营服务商，还要看很多因素，如销售产品、货源和资金。卖家如果不清楚代运营服务商的情况，切忌盲目去找，建议使用官方平台认证的代运营服务商。这类代运营服务商通常在平台有备案，有平台保障。

二、选择方法

1. 根据跨境电子商务平台选择

目前，很多跨境电子商务平台会建立自己的代运营服务商，给平台商家提供代运营服务。例如，跨境速卖通代运营公司主要针对全球速卖通电商平台进行运营，为从事全球速卖通电商的卖家提供有效资源，帮助从事全球速卖通电商的卖家快速了解运营规则和策略，并面向国际渠道，提供一站式跨境电子商务平台运营数据监测服务，及时高效地上新、推广产品品牌，助力卖家快速入驻跨境电子商务平台。

跨境电子商务行业的快速发展，也给一些运营企业提供了商机，很多专门针对某一平台的代运营企业应运而生。例如，浙江途骜网络科技有限责任公司是亚马逊官方指定的金牌服务商之一，专注为亚马逊卖家做代运营。该公司有专业的亚马逊运营团队，可对亚马逊站内外进行全渠道的流量推广，同时进行线上线下高品质宣传，输出国际化品牌。

2. 根据主营业务选择

当前我国的出口跨境电子商务涉及食品、电子数码、服饰、家居等数十个商品品类，不同品类的跨境商家可以根据自身的产品品类和特色选择代运营服务商。这类专门针对某一产品品类的代运营服务商，对产品特性把握得较为专业，能从产品管理、物流、客户等多个方面给跨境商家提供专业的服务。

例如，AMZ123是一个专注于跨境导航的网站，围绕卖家需求，以一站式入口持续收集整理跨境卖家运营必备网站。AMZ123为跨境卖家提供以下服务：

1）开店指导

AMZ123团队的专业客服给跨境商家提供亚马逊开店政策讲解、流程指导服务，帮助卖家了解开店准备资料，使很多不清楚如何开店的卖家顺利开店。

2）对接招商经理

AMZ123不仅提供免费开店指导，还可以帮助卖家对接招商经理，帮助卖家解决在开店过程中出现的问题。

3）担保服务

在跨境电子商务交易的过程中难免会遇到风险。在虚拟的网络空间里，难以判断对方的信息真实性和业务能力。AMZ123为解决跨境电子商务交易过程出现的诈骗等问题，推出担保交易服务。

4）资源对接

针对卖家对服务资源的需求，AMZ123推出资源对接服务。AMZ123可以帮助卖家对接物流、美工、收款、工具软件等资源，卖家可以根据自身需求自助在AMZ123网站上搜索，也可以联系工作人员进行资源推荐和对接。

知识加油站

代运营服务商介绍

1. 三十六计电商

三十六计电商服务于传统外贸企业和品牌工厂，为企业提供跨境平台全球开店、海外商标专利VAT等国际知识产权、跨境收款、跨境物流、培训孵化、跨境代运营等一站式解决方案。它的目标市场主要集中北美、欧洲、澳洲等地区。

2. 卖家成长

卖家成长（Seller Growth）隶属于辰海云（深圳）科技有限公司。卖家成长专注于服务Amazon、eBay、Wish、Lazada、Walmart等平台的跨境出口企业，为其提供从知识、资源到服务的一站式支持，快速解决卖家信息获取、法务服务、资源服务、财税和物流等方面的问题，进而提高跨境出口电商行业的效益、效率和体验。

3. 厦门风点跨境电子商务有限公司

厦门风点跨境电子商务公司主营业务有全网营销推广、平台代运营、平台代入驻、平台运营培训等，可运营Shopee、Amazon、Lazada、Wish、Vova、eBay、阿里巴巴国际站等全球主流跨境电子商务B2B、B2C平台，提供一站式服务，是Shopee官方认证代运营服务商。

想一想

选择代运营服务商对企业来说优势、劣势各有哪些？

9.6 培训服务商

人才是跨境电子商务企业发展的重要支撑力量，加强人才的培训是企业发展面临的重要问题。当前，国际环境变幻莫测，营销理念不断更新，为了更好地适应时代发展的要求，跨境电子商务企业需要定期展开人员培训工作。当企业自身培训力量不足时，企业可以借助外部专业的培训服务商的力量。

培训服务商可为处在业务发展不同阶段的卖家提供培训与相关服务，包括专业、优质、实用的跨境电子商务教育及增值服务，帮助电子商务卖家提高运营能力，减少试错成本，使终端消费者获得更好的购物体验，加快跨境电子商务运营的成功。

一、衡量因素

1. 发展需求

企业在不同发展阶段对培训的需求不一样，根据企业不同的发展阶段来对培训需求进行定位是非常重要的。

（1）创业阶段的企业，需要员工快速掌握核心技术，尽快渡过创业期。因此，此时在培训服务上选择操作类指导的服务非常必要。例如，跨境电子商务企业初期需要对员工进行平台培训、操作培训、基础理论培训等，让员工快速掌握跨境电子商务的基础知识，以应对店铺的销售和管理工作。

（2）在快速成长期，如果企业运行良好，成长性、竞争性都会增强，此时企业具备设立专门的培训部门的能力，可以开展系统的、有组织的专业培训。因此，在快速成长阶段的培训需要选择综合类的培训服务商，从岗位技能、心态、管理思维、企业文化等方面对员工展开培训，以满足企业快速成长的需要。

（3）在成熟稳定期，企业的成长性、竞争性达到了稳定状态。此时，企业的发展需要高质量人力资源保障，因此，可以选择针对性培训，比如解决老员工知识老旧的问题等。

（4）衰退期是企业发展的低谷。在衰退期，培训工作重点放在人才转型上，因此，企业需要根据转型需求选择培训服务，帮助员工学习新知识和新技能，以便迎接新机遇。

2. 服务商水平

1）培训服务商经验

企业应根据相关证明人、机构名单，对培训服务商的声誉和经验指数进行全面调查；应根据结果对比，确定是否与其合作；应通过其信誉及经验信息，证明对方有能力在相应的时间内提供企业所需培训。

2）业务水平

企业应考查培训服务商的专业情况及业务水平，如是否能对本企业的项目计划要求给出正确简洁的回复、是否提供了全部的相关信息；同时应要求培训服务商提供说明文件，证明其长期以来持续、有效的业绩。

3）财务稳定性

企业应要求培训服务商提供信用证明，了解其财务状况是否稳定。如果所选培训服务商面临破产的危险，企业也会因此而受影响，可能后期项目需要重启，组织者需要再次进行项目交流，对于公司来说是一项损失。

4）相近的价值观

企业应了解培训服务商的价值观和文化是否与本企业一致。在开展培训活动时，培训服务商须按照企业的价值观实施培训计划。随着企业成长，新的角色和培训需求会不断出来。对此，企业要制定长期战略规划，并根据实际评价培训活动。

二、选择方法

1. 根据发展需要选择

企业应根据所处的发展阶段和发展需求选择培训服务商。新加入跨境电子商务平台的企业可以选择平台运营基础知识培训。以雨课为例，雨课是雨果网的跨境电子商务在线学习平台，提供"有趣、有料、有价值"的学习产品社群和服务体验。通过场景化的高效培训体系，用专题细分模式解决运营盲点，科学合理地提升卖家综合运营实力。雨课的培训形式分为线上课程培训和线下课程培训。线上课程包括直播课、新手课、进阶课、高阶课等，涉及平台有亚马逊、全球速卖通、eBay、Shopify、Wish 和其他平台。线下课程培训不定期举行，用实战训练帮助新手卖家提高运营实力。

2. 根据平台选择

不同的跨境电子商务平台在运营规则、运营技巧上有所不同，因此跨境商家可以根据跨境电子商务平台来选择培训服务商。

知识加油站

亿丰电商学院

亿丰电商学院隶属于深圳市亿丰电商咨询有限公司，是一家基于亚马逊平台运营操作培训的公司，集合亚马逊电商平台开户注册及后台操作等实操培训，是亚马逊培训一站式服务中心。另外，亿丰电商学院还与各大高校合作，签订"人才培养计划书"，在电商时代到来之际，为电商人才找到优质的出路，并奋力为全社会培养电商栋才。

想一想

跨境电子商务的培训服务商对企业的发展有什么作用？

实训演练

任务背景

近年来，指尖陀螺横扫欧美玩具市场，成为中国卖家在各大跨境电子商务平台上的畅销品。小刘是全球速卖通平台的指尖陀螺卖家之一。他最近有一单30件的货物销往美国。小刘店铺的指尖陀螺材质为不锈钢，直径在6 cm左右，一个指尖陀螺约为78 g。请综合考虑各种因素，选择合适的服务商，并写出选择的理由。

任务分析

本实训中，跨境电子商务卖家要发的货物为小批量、重量轻、价值低的物品，商家本身为小规模的个人或小企业卖家。此类商品出口，需要综合考虑多方面因素，并选择合适的物流、支付、税务、代运营等服务商。这些匹配的解决方案，都应满足商家的小规模、可靠、成本低等需求。

任 务 实 施

（1）在表9-1中分析列出商品的基本信息。

表9-1 商品的基本信息

商品名称	商品规格	商品品类	商品数量

（2）根据商品信息，分析选择服务商的依据并填表9-2。

表9-2 服务商选择及理由

服务商选择	理由

（3）根据分析结果，得出结论。

本章练习

一、选择题

1.跨境电子商务物流的直邮模式不包括（　　）。

　　A.国际商业快递　　　　B.跨境专线物流

　　C.邮政小包　　　　　　D.海外仓

2.跨境电子商务物流的直邮模式涵盖三大类，其中（　　）物流模式物流网络覆盖面较广，基本覆盖全球。

　　A.国际商业快递　　　　B.跨境专线物流

　　C.邮政小包　　　　　　D.海外仓

3.（　　）是物流的核心环节，物流服务商的该项能力直接关系着商品的安全和配送的速度。

　　A.储存　　　　　　　　B.清关

　　C.物品包装　　　　　　D.运输

4.全球速卖通平台上绑定了第三方支付机构——（　　）。

　　A.国际支付宝　　　　　B.支付宝

　　C.微信　　　　　　　　D.PayPal

5.（　　）将直接影响到交货的准确性和及时性。

　　A.仓库运行能力　　　　B.仓库的存储能力

　　C.仓库的稳定性　　　　D.仓库的时效性

二、简答题

1. 跨境电子商务卖家需要的服务主要有哪些类别？

2. 如何选择一个好的代运营服务商？从所需的服务、要考虑的方面、选择时的要点着手分析。